太陽的後役

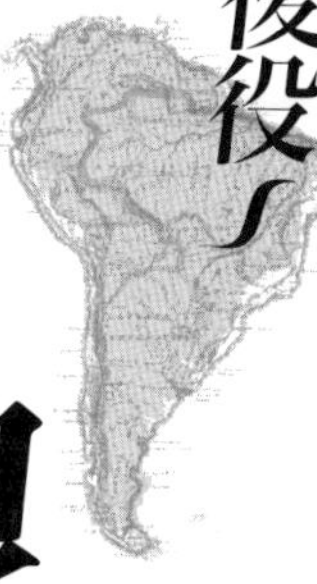

敢夢，不設限

NOW I AM A

MANLY MAN

募資走遍南美洲體驗30份工作，
實踐從0到1的Gap Year人生提案

著——陳明陽〔太陽〕

真正的小太陽

藍濤亞洲總裁 黃齊元

　　幾年前我投資的一家網路公司尋找人才，有人介紹我和陳明陽認識，開始我們一段奇妙的友誼。我當時開出的條件是：有大中華經歷，能快速學習、跨越不同領域，更重要的是，具備好奇心和熱誠，擁有高度冒險犯難的精神。

　　從任何一個角度來看，明陽都超越了我當初對他的期待，也明顯不同於大部分我認識在他這個年紀的年輕人，我對他只能用 amazing 和 unbelievable 來形容。

　　一開始吸引我注意的是明陽當時的工作，他在平安集團底下的 Fintech 獨角獸企業陸金所負責 P2P 金融商品銷售。我 20 多年前也曾在大陸外商金融機構服務，但我打交道的都是大企業，不像明陽要和各種類型的人相處，推銷自己。但他做到了，不僅在當時 10 位台灣同仁中名列前茅，而且還是 team leader。我印象最深刻的是，大部分台灣同事因為不適應，後來都離開平安，只有他生存了下來。

　　我當時不敢進一步去接觸明陽，因為他的業績獎金高得驚人，但我卻突然接到他的電話，告訴我他決定辭職，去里約奧運做志工，計畫為期長達一年的冒險旅程，並已透過眾籌方式募集到所需資金。我驚訝得說不出話來，因為連我都無法做出這種冒險的決定，特別是他毅然決然放棄了在平安留職停薪的機會，全力往下一個未知挑戰。

　　一年後，明陽回來找我，帶著他在各國自助旅行的照片，我知道他已是一個嶄新的人，更強壯、更樂觀、更自信，沒有什麼可以再阻擋他。這次他放棄在大公司服務的機會，加入一家 startup，並在很短時間內又成功開拓了新的市場。

　　我經常告訴年輕人，要及早培養三種歷練：第一是世界經驗，第二是中國大陸經驗，第三是創新創業經驗，明陽是少數成功達成這三個指標的佼佼者。

　　觀察明陽的工作經歷，他一直在累積自己不同的經驗，從台灣外商企業、中國大型民企，到現在轉換跑道至快速成長的新創企業，每一個階段雖無關係，但都為下一階段衝刺提供了養分。他能跳脫世俗眼光，追求真正長期價值的提升！

　　未來的台灣，面臨很多未知的挑戰，這是最糟糕的時代，也是最好的時代。明陽的英文名字叫做 Taiyang，他不是太陽花世代，但他是真正的太陽，將引導台灣走向更美好的未來！

敢做夢的唐吉訶德

政治大學金融學系教授 **陳威光**

做夢誰都會，不論年齡不分性別，但是能把夢捕捉、落實並化為具體行動，就不是每一個人都能做到的。

16世紀西班牙詩人塞萬提斯筆下的唐吉訶德，是一位勇往直前、追求夢想的人。書中有一句話，大意是：「憧憬那無法實現的理想，忍受那難以忍受的哀愁，生活要意氣昂揚向藍天，無遠弗屆無涯限」。明陽就像是一位唐吉訶德，敢做夢、敢去實踐夢想、不設限。

生活中，從天上掉下來的禮物並不常遇到，倒是不時掉下刀子（譬如股市大跌）使人遍體鱗傷。所以不要奢望天上會掉下來禮物，而是要自己給自己禮物。11年前，我獨自一個人單車環島，給了自己一份50歲的禮物；55歲的禮物則是到澳洲高空跳傘及歐洲當2個月的背包客；去年跟EMBA學生到大陸參加4天120公里的戈壁挑戰賽，當作自己60歲的禮物。然而，明陽卻於30歲時就去巴西當奧運志工、去中南美洲8個國家遊歷8個月，僅花新台幣8萬塊，真令我十分欽羨。明陽就是一位敢於給自己禮物的人，而且是一份超大號的禮物。

明陽大學就讀清大電機，同時甄試上清大電機所與政大金融所。還記得我面試他時曾有點懷疑他不會來金融所就讀，沒想到他後來真的來到金融所。明陽在念研究所時，就曾到過德國、挪威、泰國與東南亞等國家交換或自助旅行，實踐「旅行即生活、生活即旅行」的哲學。畢業後，先後在中國信託銀行、東京三菱銀行、上海的平安陸金所上班，是一個不怕改變現狀，勇於轉換跑道的人。

前年7月，他為了至巴西當奧運志工，辭去陸金所互聯網的高薪工作。行前他回台北請我吃飯聊天，提及他將去當志工及遊歷中南美洲的計畫。我聽了很羨慕，但更多的是讚許，也鼓勵他將這難得的經歷寫成書。現在明陽已經在他人生的畫布上揮灑出繽紛的色彩，他的書也完成了，看了書中張張精彩的照片，真令人心動而嚮往之。

如果讀者看完了此書，立刻有辭職的衝動去完成自己的夢想，我一點也不覺得訝異，因為我自己就有這份衝動。你要不要也試試看呢？

在滿是故事的土地創造精彩

前陸金所副總裁 **藍玉婷**

這是一本記錄陳明陽旅行中南美洲的書。

陳明陽，外號「太陽」，於 2014 ～ 2016 年在我的團隊裡擔任投資顧問總監，服務陸金所平台上的重要投資人，業務與服務能力卓越，在短短兩年內即被拔擢為團隊總監。正當事業一帆風順之時，太陽決定放棄工作遠征拉丁美洲。

對亞洲人而言，拉丁美洲是個較為陌生的世界，距離遙遠、語言不通。在一般人的眼裡，這是個經濟落後、政治腐敗、貧富不均嚴重的地區，然而在我成長的歷程中，由於父親工作的緣故，我有幸在拉丁美洲居住了十多年的時間，學習了西班牙語，深度體驗了拉丁美洲的生活文化，加上在研究所期間研習了拉丁美洲文學，深為魔幻寫實的文學風格著迷。

拉丁美洲迷人之處，有曾經高度領先的文明，以及目前仍保有的豐富多元、來自世界各國因殖民或移民而留存的文化；有美不勝收的自然景觀，高山綠地、海灘岩石、沙漠冰川、總是能遇見彩虹的大瀑布和怎麼拍怎麼美的古文明金字塔。這塊土地孕育了獨特的音樂，如中美洲與加勒比海地區的梅倫格舞、騷莎、雷鬼動、巴西的巴薩諾瓦、阿根廷的探戈，也產生了六位諾貝爾文學家：米斯特拉爾（Gabriela Mistral）、聶魯達（Pablo Neruda）、阿斯杜里亞斯（Miguel Ángel Asturias）、馬奎斯（Gabriel García Márquez）、帕斯（Octavio Paz）、尤薩（Mario Vargas Llosa），多位暢銷作家如科爾賀（Paulo Coelho）和阿言德（Isabel Allende），還有許多神秘充滿生命力的文化藝術。拉丁美洲人熱情友善，偶爾因貧窮而貪婪，但只要願意打開自己與他們互動交流，他們會熱情的擁抱來自世界各地的朋友，也會在你離開他們生活之後持續的想念你。

想要創造難忘的人生故事的「太陽」來到這一片滿是故事的土地，結交了各國的好朋友並且與他們在不同的時間點共創了獨特的旅程。這位操著不熟練的西班牙語的 Chinito （Chinese young man）走到哪兒就把光與熱帶到哪兒，這是我在他旅行期間追蹤他臉書的感覺，與當地朋友的留影，張張臉都笑容燦爛。在「太陽」的旅程裡，除了譜寫出了自己深刻的旅行經驗之外，也與我的過往足跡發生了交集，他巧遇了與家人認識的巴拉圭東方市僑民，還帶回了古巴比尼亞萊斯山谷民宿主人和手工捲雪茄的老爺爺為我錄製的祝福語。

這趟旅行成就了更不平凡的「太陽」，也塑造了更瀟灑浪漫的「太陽」。 祝福 30 歲後的他，持續不斷的創造精彩的人生故事。

走吧～跟著太陽去工作！

「世界是開闊的，一天不走出去，你永遠無法感受它的真實。」

我是陳明陽，像明天的太陽一樣散發正能量，大家可以叫我 Taiyang 或是太陽。我出生在宜蘭南方澳漁村，體內流著海上男兒的漂泊血液，從小就期許自己做一個有故事的人。朋友眼中的我，是個沒問題先生，對新事物總是說 yes 的「Yes Man」，不斷的 try everything，挑戰自己沒做過、好玩、有趣又有意義的事，盡力去做，享受其中，將能量和勇氣散發給所有認識我的人。

念書時，因偶遇德國人幫忙，我曾 0 元遊德國一個月，並且協助維修城堡；也尋求過校內外資源，0 元遊挪威一個月，擔任挪威國際學生節代表，完成學生節任務；還放棄歐美交換學生機會，成為第一位到泰國拓展的交換生；後來跑去當東南亞背包客，以搭便車和打工換宿，成功挑戰 2 個月 2 萬台幣遊東南亞。

我大學念的是清華電機，之後考進政大金融所，畢業後做過中國信託和東京三菱儲備幹部、陸金所投資顧問總監。2016 年，在即將三十而立之前，我做了一個決定，毅然拋下眾人眼中看似不錯的事業前途和 25 人團隊，送給自己一份獨一無二的禮物：勇闖南美，在 30 歲前感受 30 種不同的工作，從到巴西當奧運志工做為起點，走向世界盡頭體驗 30 種工作的酸甜苦辣……

　　30、30、8、8、8，並不是啟動夢想的密碼，而是浪跡南美的圓夢數字──30 歲前無償體驗 30 種不同工作，用 8 個月、8 萬台幣，走遍南美洲 8 個國家。從募資、旅程記錄（文字、影像、影音），到出版自己第一本書，從 0 到 1，把分享從線上搬到紙本，為的就是希望持續向各個角落散布正向能量。

　　聽說在一場馬拉松賽事中，配速員又被稱為「兔子」，除了幫跑者了解自己的速度，更是想讓跑者把兔子當成獵物，激勵他們的鬥志。而這本書，我的超給力流浪記錄，也是我想送給希望突破框架、對未來懷抱熱情、憧憬的夢行者最最實在的支持與鼓勵。

　　「行動起來吧，一起享受從無到有的過程！」

目錄

是挑戰，也是夢想開始

　　這次給自己的挑戰，我想嘗試體會新創公司從無到有的過程，於是從前期的資金準備，就利用募資方式來完成整個專案，所以一開始我就將自己的專案項目告知周圍朋友、同事，並且在著名的網路眾籌平台募資。

　　像這種募資網站*主要運作方式，就是在網路上跟大家說明自己的夢想，而那些肯定你夢想的網友或是大眾會贊助一些費用，讓你帶著他們的心意去完成夢想，然後在過程中分享自己的旅程故事，回來再帶些紀念品或是具當地特色的東西回饋給那些贊助自己圓夢的朋友們。

發起募資，夢想獲得肯定

　　第一次做這樣的嘗試，我把個人經歷和背景整理好，並且錄製了一段影片，讓大家知道陳明陽是誰（影片相對於文字或是照片，帶給對方的感覺還是最真實），同時幫自己這個夢想取名為「太陽的後役」（哈哈！不是後裔喔）—— 我的英文名字叫 Taiyang，朋友都叫我太陽，而之後這個挑戰就像是戰役一樣，所以就決定用「太陽的後役」上募資平台提案。

　　想不到最後居然募到將近台幣 10 萬元的夢想金！所以我就跟自己說，只能用這些夢想金來完成夢想。這是個挑戰，也是夢想的開始，而這個夢想的挑戰我一定會在有限預算下完成的。

台灣 ▶	FlyingV（https://www.flyingv.cc/）
國外 ▶	Gofundme（https://www.gofundme.com/）
	Fundmytravel（https://www.fundmytravel.com/）
	Gogetfunding（https://gogetfunding.com/）

沿路探詢工作體驗機會

打從我開始準備籌劃這個志工服務計畫時，身邊就有一些朋友給了我很多相關資訊，像是幾個知名的網站*都有提供志工交換機會，你只要上網註冊會員，搜索你有興趣的國家或是工作類型，然後發出申請等待對方回覆就完成了。

不過我給自己設的挑戰是不利用這些網站，就靠著最土法煉鋼的方式，跟路上認識的每個朋友說我有志工服務的目標，希望短時間內可以無償體驗 30 種不同工作，如果他們有任何資訊都歡迎提供給我。

我之所以決定用這麼辛苦的方式進行，就是因為現在網路真的太方便了，Google 一下什麼資訊都有，想要挑戰這種一點一滴蒐集資訊並且完成的過程，而我相信自己會達成設定的目標。

> Workaway（https://www.workaway.info/）
> Voolla（http://www.voolla.org/）
> Community in Action（http://communityinaction.org/）
> Blueventures（https://blueventures.org/）
> Volunteermatch（https://www.volunteermatch.org/）
> Volunteerforever（https://www.volunteerforever.com/）

Yes Man @ 南美洲行腳軌跡

哥倫比亞

厄瓜多

祕魯

智利

人生沒有白走的路，每一步都算數。想聽冰河唱歌嗎？想看巴塔哥尼亞風沙多狂野、印第安婦女摔角多搞笑嗎？想知道智利版壽司、阿根廷烤餃子怎麼做嗎？⋯⋯「太陽的後役」南美洲採訪影片，毛片版、一刀未剪版、後製版，全都收錄在粉絲團影片頁。歡迎大家一起來 Enjoy ！

Taiwan
Taiyang
30 JOBs

玻利維亞

start

巴西

巴拉圭

阿根廷

行前準備

❖ 背包裝備

我的背包就是一個 50 公升包包,再外加一個攜帶方便的小包,這樣到每個地方都可以輕鬆換用小包包移動,簡單又便利。裡面除了裝幾件衣物之外,我還帶了一個 GoPro 防水相機、儲存照片的記憶卡、折氣球要用到的材料(打算拿來交換才藝)、當成禮物紀念品的紅包,還有日拋隱形眼鏡、備用藥品(胃藥、牙痛藥、感冒藥、退燒藥等),同時也準備了介紹台灣的影片和照片要跟外國人交流,最後只要再帶上萬用轉接器就可以上路出發了。

❖ 語言能力

出發前我只會講中文和英文,但是有不少朋友都跟我說,在南美洲很多人只會講西班牙文,於是我就決定一邊學習一邊旅行。我最常用的就是上 YouTube 看影片,學習基本發音方式,然後下載語言 App *跟著練習。

在移動的過程中我會背誦單字,從字母的發音開始,每個字母雖然長得像英文,但是發音完全不一樣,真的需要從頭來過。接著先把跟人打招呼的

我常用的語言 App 有:
Duolingo(https://www.duolingo.com/)
Fun Easy Learn(http://www.funeasylearn.com/)

基本單字背下來，像是「早安」、「午安」、「晚安」、「你好」、「再見」，還有我的名字、我從哪裡來、為什麼來南美洲……。

再來是把 what、which、why、where、when、how much、how 這些基本問句詞的西文單字弄懂，模擬情境對話，像是問路、購物、食物、打招呼和自我介紹。最後一步就是把背好的句子在日常對話中實際演練。一開始可能還是聽不懂對方的意思，但是經過不斷的練習就可以了解；而我們說出口的句子，可能文法或是發音沒有那麼正確，但是外國人知道你這麼努力想要融入當地的生活，他們也都會對你友善的。練習一個新語言的方式非常多種，無論是報章雜誌、旅行途中遇到的小孩或長者，甚至是路旁清潔工，都是很好的學習對象。

老實說，很多時候我真的會遇到完全無法溝通的情況，這時肢體語言就很重要了，對方會感受到你主動積極的態度，哪怕最後用畫圖的方式，給對方一個微笑或是擁抱，彼此也是可以溝通的。隨著科技進步，如果還是擔心沒辦法溝通，現在有很多允許離線下載使用的翻譯軟體，也都可以提供即時的幫助。其中最有名的就是 Google 翻譯，真的很方便，讓我們溝通無障礙。

❖ 資金保管

旅行很多時候離不開錢，大家也都會思考該如何準備錢，還有怎麼保管錢。常用的工具如現金、信用卡、提款卡、旅行支票，都是一般消費時很好的支付方式，但我因為比較不習慣使用旅行支票，覺得要跑到可以兌換的銀行比較麻煩，所以出發時只帶了美金 1000 元、一張信用卡和一張提款卡。

信用卡部分我是選擇 VISA 卡，畢竟 VISA 卡在國外的覆蓋範圍比 MASTER 卡來得廣，如果要更謹慎的話，就是各帶一張最保險，然後選

擇海外消費免手續費和免年費的卡片就沒問題了。

有關提款卡部分，要記得開通海外提款功能，而這就是要作功課的地方了。通常海外提款都會加收手續費，而且還有匯率問題，所以我就去外商的花旗銀行申辦了一張提款卡，在國外只要到花旗銀行提款，都不用額外收取手續費，匯率也都不會太差，甚至還有一些當地銀行有跟花旗合作，也是不用手續費的，非常的方便划算。

準備好現金、信用卡和提款卡，人也飛到國外後，我的做法就是在當地如果找到銀行提款免手續費，就先領一些現金出來，若是要支付較大的金額就刷信用卡，真的不行再用美金兌換當地的貨幣消費。

有關錢的部分，還有一點要特別注意，就是匯率的換算。每次到一個新的國家之前，我都會查詢當地的匯率大約多少，這樣換錢時才有個概念，不會損失太多。兌換不同貨幣，一點也不會很困難，告示牌上雖然有密密麻麻的數字，但只要想著「每次兌換一定都是我們吃虧，比較不划算那個數字就是我們要換的部分」，貨幣兌換就會變成單純的數學計算。

像是在巴拉圭，可以同時使用美金、巴西幣、阿根廷幣、巴拉圭幣，一個國家有四種不同貨幣在流通，付錢時你就要計算用哪種貨幣最划算，不然可能前後一差就多花 2 ～ 3 成的費用。

旅途中還有一個注意事項，就是如何保管資金，不然辛苦準備、錙銖計算的錢如果一次被偷光，就真的損失慘重了。我的做法會在口袋放些小鈔，這樣不用每次付錢就把皮包拿出來，皮包裡面只放當天可能花費的金額，然後把剩下旅費分一半放在腰間的隱藏背包。不過現在很多壞人也都知道有隱藏背包，所以我會再多做一道防範措施，就是把剩下那一半旅費藏在鞋子裡，這樣做的好處是每次走路都會感覺有東西卡在腳上，如果瞬間感覺不到就要有所警覺了。

此外我還有一個小技巧，就是在皮包裡放幾張不能用的提款卡和信用

卡，如果真的有壞人要搶錢，就把假卡給他，不要亂抵抗，避免受到傷害。因為往往那些會受到傷害的案例，就是硬不把錢掏出來，而一旦壞人出手，最後什麼都沒搶到，除了會覺得不高興之外，還會牽拖是你害他今天運氣不好，所以他才會傷害你。因此，除非你真的很有信心制服壞人，或是可以順利逃離現場，不然還是乖乖把身上的零錢和假卡交給他們吧。

❖ 申請簽證

簽證也是旅行中常常要處理的問題。在南美洲，如果拿的是台灣護照，就有巴西、阿根廷、烏拉圭、巴拉圭、玻利維亞、委瑞內拉等六個國家需要辦簽證才能入境。這裡面只有巴西簽證是我在台灣就先辦好，其他國家簽證都是在抵達後才開始申請。最重要的是，確保你要前往的下一個國家有設領事館在目前所在的國家，所以我的阿根廷簽證是到巴西後才向駐巴西的阿根廷大使館申請。

通常申請簽證需要準備資料有：
❶ 有效之護照（正本和影本）至少六個月以上效期
❷ 六個月內近期的白底彩色照片
❸ 簽證申請表
❹ 來回電子機票或訂位紀錄
❺ 財力證明（近期補登之存摺正本及影本，或是最近三個月薪資單）
❻ 英文在職證明（若為學生則以學校或大學在學證明取代）
❼ 邀請函或飯店訂房單
❽ 中華民國身分證影本

當以上這些都準備好，就可以拎起背包出發囉！想知道除了期待四年的奧運志工服務，太陽在南美洲還體驗了哪些有趣的工作，經歷什麼樣新奇的見聞和瘋狂挑戰嗎？

接著就讓我們繼續看下去吧！

Yes Man @ 南美洲的 30 JOBs

打折大促銷
1. 亞洲人　　　95折
2. 現金買單
3. 說出通關密語"牛運"
只要同時滿足以上3個條件，
所有商品打 95折

阿爸阿母，我進奧運了！

　　太陽從小就是運動員，對體育賽事非常地熱血和瘋狂，總是幻想哪一天可以代表學校、國家飛到全世界跟各國頂尖好手一起比賽，不過最後沒有繼續走向運動這條路，但能夠參加奧運是所有運動員的夢想，於是我就跟自己說：既然無法以運動員身分參加奧運，就用志工方式去成為奧運的一分子吧！

　　這個想法在2012年倫敦奧運的時候就萌生了。從2012年到2016年足足四年，這段期間太陽經歷了幾次工作上的轉換，處於互聯網金融這個黃金產業發展的顛峰期，從一個人單打獨鬥到帶領25人團隊，我始終沒有忘記自己的奧運志工夢，在忙碌中還是遞交了申請資料，進行多次線上面試。

直到 2016 年 6 月初，確定取得巴西奧運的志工資格，心底深處的火苗又再次熊熊燃起。「人生還有多少個四年？」我自問。眼前這些打拚來的一切，沒了可以再努力拿回來，但是我的奧運夢、我的 30 歲、我的志工理想，過了就真的沒了⋯⋯。

就是這樣看起來很簡單的一句話，使我決心放棄眼前所有的一切，跟老闆說我要離職去追夢。老闆問我就這樣放棄不會覺得很可惜嗎？我笑著說：「趁現在還年輕，需要放棄的不會太多，等到哪一天我坐上老闆你這個位置，那時候可能就更放不下了。」老闆知道我心意已決，後來也就同意我了。

6 月底回到台灣，把我的背包整理好，欠缺的流浪裝備都補齊，該辦的證件和該準備的資料也都備妥後，我拿著一張台灣飛往日本的單程機票，再加上一張日本到巴西的單程機票，告別了一路支持我追夢的爸爸媽媽，帶著所有朋友給我的祝福，在 2016 年 7 月正式開始我的旅程。

35 個小時後，飛抵正對台灣的地球另一端，我知道我的夢想正式啟航了

提早了一個星期抵達巴西，近距離接觸熱情瘋狂的森巴民族，我開始熟悉整個環境以及奧運前的活動。全世界都在關注里約奧運的狀況，卻只見新聞一直報導巴西總統下台、經濟衰退、茲卡病毒、超級細菌、場館還沒建好，甚至聽說有警察抗議沒薪水，在機場拉布條「歡迎來到地獄」⋯⋯還有聖火吉祥物美洲豹被槍殺，這樣豈不是像「明知山有虎，偏向虎山行」嗎？

　　話說這次報名甄選奧運志工，從 2 月接獲錄取通知，我就一直處於超興奮的狀態，等到 6 月初確認會負責籃球項目，擔任奧運籃球隊的隨隊人員，更覺得自己超級幸運的！（這代表我有機會近距離接觸傳說中的美國夢幻籃球隊）只是排班表誇張到 7 月初才出來，更離奇的是我去到現場報到，興高采烈的準備領制服時，他們居然說系統上面沒有我的資料 ?! 老實說，當下我真的有點傻眼，明明我都收到邀請函了，和團隊負責人也已經聯繫過，怎麼會查不到資料呢？

　　他們也不清楚發生什麼事，最後要我三天後再去報到，看樣子是兩邊系統沒有對上，很多志工報到都出現這個問題。我後來跟旁邊的巴西志工講這件事，他也只是笑笑的跟我說：Do not worry... it will be fixed...just a process...... 好吧，或許這就是巴西 style，說不定這就是體驗巴西文化最好的機會。於是我也笑笑的回他：my pleasure to be part of the process... 然後互相比個讚。

　　還好三天後我終於順利完成志工報到手續。

　　而到了關鍵的那一天，也就是要決定各個隨隊人員負責哪個國家籃球

隊的時候，大家最想要的籤王還是美國夢幻籃球隊，結果最後我被派去擔任中國女籃隨隊人員，期待落空，心裡難免有點失望，但也覺得很新鮮，可以跟隨女籃一起移動比賽。Yay！

四年舉辦一次的奧運盛會，除了賽事本身很吸引人，另一個大家很感興趣的就是選手村生活點滴

包括選手村內每天發生的大小事，運動員日常生活的小八卦，以及內部硬體設施的真面目等等，也都是媒體在報導賽事之外，另一個天天關注的焦點。很幸運的是，因為隨隊人員的身分，使我拿到了選手村的進出資格。

我第一個踩點的地方就是選手住宿大樓。一眼看去，很特別的是，各國選手會在住宿大樓前面掛出自己國家的國旗，將國旗從高樓層垂掛到低樓層，還有些選手會把他們國家的代表物搬過來，像是加拿大代表隊就有把一隻大麋鹿擺在他們的住宿大樓裡面，非常有意思。

之後進到裡面參觀選手們的房間，親眼目睹後真的覺得很震驚，新聞報導中的高級選手村，房間內部擺設差不多像是 3 星級旅館的標準，對有些身材很高大的選手來說，床的長度太小，浴室也只是以拉簾做簡單隔間，難怪有一些國家的選手無法忍受住在這裡，乾脆自掏腰包改住到附近飯店。

里約奧運台灣志工 陳明陽

體壇 午報 奧運殿堂機會難得 陳明陽等四年

四年一度的奧運盛會 划船選手積極防範 不只避

　　其中最大氣、最海派的就是美國籃球隊，因為每位球員都身價不斐，國家也不能拿選手的生活開玩笑，再加上有新聞報導蚊子傳播茲卡病毒的可能性和衛生條件，所以美國籃球隊隊員直接就住在海上郵輪，這艘郵輪還是特別從美國開過來的，船上設施真的是高檔沒話說，連食物也是美國廚師照三餐打點，令人印象相當深刻。

　　選手村裡面除了住宿大樓之外，還有很多硬體設施是對選手開放的，像是自助餐廳、醫療所、健身房、各式球館、紀念品店、郵局、美容院、遊戲間等等，整個規劃就像個小型社區，裡面該有的都有，一應俱全。

　　在選手村內還有個有趣的現象，碰到知名球星的時候，各國選手仍是會把握機會跟對方合照，或是留下聯繫方式。像是有一次我走在路上，就看到很多選手爭相與知名網球明星納達爾（Rafael Nadal）合照，造成現場轟動。結果隔天我進到選手村，看見納達爾獨自走在前面，我也興奮的跑去跟他合照，覺得自己非常幸運，這機會真是太難得了！

　　有時候我晚上走在選手村，可以看到一些選手因比賽成績優異，獲得獎牌的喜悅全都寫在臉上；但也有些選手沒把平日訓練成果表現出來，顯得神情落寞；還有選手比賽已經結束，感覺整個人很輕鬆自在；當然也會見到有些選手還在為隔天的比賽備戰……。

能親眼看到選手在比賽場下的一面，

那種感覺真的很棒，真不知道自己哪來的福氣和幸運，

這實在是太特別的體驗了

　　至於中國女籃的隨隊人員究竟要做些什麼呢？

　　我要做的工作主要有幾項：提供選手教練團需要的數據、預約放映室（如果球隊要觀看比賽錄影）、預約熱身練習場地和接駁車、預訂餐點便當、跟總部保持聯繫以便即時訊息通知，以及提供里約生活資訊等等，工作內容非常多元，就像一個小秘書或小跟班一樣，協助確保每場比賽能夠順利進行。

　　身為中國女籃隊隨隊人員，當然我私底下跟隊員也會有些互動，無論是在接待或是聊天，甚至是幫忙解決生活上的問題，能與國家級運動好手有這樣的互動過程，著實為我的奧運志工生活增添了許多樂趣。

太陽的後役
@taiyang30

👍 讚　📶 追蹤　💬 推薦　…　　　觀賞影片　　💬 發送訊息

不知道是不是我太樂觀，只想到好的一面，或是堅持相信年輕不要留白，我只覺得可以在世界上最瘋狂的城市舉辦全球最盛大的運動賽事（下次要再輪到巴西舉辦也不知道幾年以後了），就算這真的是史上最落漆的奧運會，能夠成為參與其中的一員也是挺榮幸的。哈哈，所以接下來就讓本屆奧運志工兼特派記者「太陽的後役」來為大家報導里約現況：

 # 茲卡病毒，怕不怕？

面對茲卡病毒的威脅，大家難免會關心蚊子的狀況。由於 7 月正值南半球的冬季，巴西里約氣溫雖然還是有 25℃，但是路上沒看到蚊子，外國人也都是短袖、短褲，完全沒在怕。當地人說茲卡的蚊子是在夏天出現，所以夏天不要來巴西，不過我晚上睡覺還是包緊緊的，噴上防蚊液，還用上在日本買的超強電子驅蚊器，畢竟小心駛得萬年船。

 # 主辦奧運正反兩派態度

無論是在新聞還是 FB 上面，你可以看到大部分巴西民眾都對國家能主辦奧運感到驕傲，還有從 A ～ Z 主題的派對給大家參加；至於反對派，看起來就像個地下組織，他們因為太不爽巴西政府舉辦奧運貪太大，就拍攝影片爆料，在片中揭露整個巴西政府其實不是徹底改善，而是把壞的一面用圍牆隔起來，新建的地鐵單純只是拿奧運會試營運，等奧運結束後就拆掉，非常的「殺雞用牛刀」。

 # 街頭都是玩命飆漢

《玩命關頭 5（Fast Fire）》片中場景就是在里約拍攝，原以為電影會選在這裡取景，只是因為這是著名的派對城市，直到在巴西生活一段時間，才真正感受是別的原因。巴西路上到處都有人在飆車，連公車也不例外，市區時速就設到 70，而這邊路況又不好，兩線道的路硬是要塞滿三輛車，大家是不是都很有默契的不去擦撞？滿厲害的。

警察領不到薪水抗議罷工事件

經過跟當地人求證，確定這件事真的有發生，只不過不用擔心，因為警察薪水是國家出的，憂心國家沒錢才會抗議，但這次辦奧運有一筆經費來自奧委會，所以警察還是可以照樣工作，路上也看到很多軍人。其實當地人說這時候來里約反而最安全，如果奧運過後來才要擔心，只是怕歐洲頻傳的恐怖攻擊會冒出來搗亂。

【爆料】男籃賽－西班牙對奈及利亞，場內包含球員總人數不到100，應該是觀眾最少的一場比賽。原因是場內疑似有炸彈，不讓觀眾進來。但怎麼會讓球員繼續打呢？真的很怪。

 # 詭譎的暗夜喧囂

電影《我是傳奇（I Am Legend）》場景也可以在里約看到，這個城市白天感覺挺安全的，到處都可以看到警察，派對、唱歌、跳舞樣樣來，但是到晚上就整個不一樣了，外面的世界瞬間變淒涼，尤其中央車站那一帶，更是龍蛇雜處、環境髒亂，到處都有叫囂的人群，走在路上大家也會用奇怪的眼神打量你。老實說，整天除了探索之外，還要花很多精力提防，每次回到住宿地方都很累，真的是「我是傳奇」。（里約治安不好，就連當地人也怕被搶，很少在路上和車上滑手機。我的沙發主人也是很小心，平常走在路上都沒帶包包，手機就放在內褲暗袋）

巴西 style ?

來到里約後，看到很多奧運相關廣告和巴西國手的宣傳，新聞雖然一直在報奧運，說不少場館都還在建設中，不過巴西人倒是不擔心，他們說上次辦世界盃也是最後一天才全部完工。世足賽出乎意料的順利，所以大家有信心奧運也會壓底線過關。

 # 我不是你的菜

巴西其實是個多元文化的國家，可以看到各式各樣的人種，當然同性戀在那裡也很稀鬆平常。我在里約的兩個沙發主人都直接跟我說他就是同性戀，其中一個還和我分享很多帥哥照片（包括裸照），我只好藉著說我去海邊看到很多比基尼正妹，明確表明自己的立場，希望我不是他的菜。不過另一個很酷的沙發主人就住在貧民窟旁邊，晚上他還帶我去參加貧民窟的派對，老實說滿好玩的。巴西果然是一個非常有趣的國家，充滿驚奇與挑戰。

近距離接觸各國頂尖籃球選手

　　怎麼樣也想不到，人生中第一次被辭退，竟然是發生在奧運這段期間。這個故事是這樣的：在奧運正式比賽開始之前，我的上司突然神情嚴肅的要跟我面談，他說我不適合原本職位，想要更換我的工作內容。我聽了當然很困惑，為什麼突然要我換工作？

　　他說因為我是台灣人，如果負責中國籃球隊，兩岸關係會太敏感，還開玩笑問我會不會在更衣間放炸彈。（哈哈）他知道我在大陸工作過，目前和女籃隊球員處得也很融洽，但他還是怕有任何不適或造成一些誤會，想要順利辦完比賽，避免摻入任何政治色彩，希望我能理解並同意換工作。

　　換個角度思考，他會這樣想是可以理解的，畢竟舉辦這種大型體育賽事，大家都不想出任何差錯或是造成誤會，於是我最後同意更換工作內容，放棄擔任中國籃球隊的隨隊人員。

所以我被調到總部開始新工作，
負責球員比賽前後的休息管理和數據統整

　　這樣一來也多了些好處，除了能自由進出選手村之外，不用再一直跟著球隊的行程走整天；比賽前後選手很直接的在我面前備戰熱身或是休息聊天；比賽時間我還可以去觀賽，跟球星零距離接觸，看到他們最真實的一面。想不到正因為這樣的工作更換，讓我有機會看到 NBA 球星就在我面前，美國夢幻隊的超級巨星 Durant、Anthony、Thompson、Irving……居然活生生站在前面跟我互動，真的是太受寵若驚了！

　　工作過程中也可以看到球星很有趣的一面，像是美國隊賽前在休息室還是很放鬆，會用籃球當作保齡球，球員的腳張開當洞，測試今天投球命中率準不準；美國隊的 K 教練喜歡喝 Coke Cola Zero，隊上球員在賽前都會吃一顆白色小藥丸……這些奧運生活點滴真的很有意思。

　　從第一場到最後一場賽事我都可以參與，有空閒就去其他場館看別的賽事，追自己喜歡的球星，像是喬科維奇（Novak Djokovic）、納達爾（Rafael Nadal）的網球比賽、美國飛魚菲爾普斯（Michael Phelps）的游泳

神話、牙買加閃電波爾特（Usain Bolt）的飛毛腿、巴西足球隊的金牌決戰、台灣莊智淵的桌球比賽、羽球好手周天成和戴資穎的賽事等等……甚至有一次在幫台灣隊加油的時候，還看到藝人Selina！

有這個機會一睹這些球星的賽事，真的值得了！
我的奧運志工故事一直精彩到最後閉幕的那一刻

太陽的後役
@taiyang30

👍 讚 🔊 追蹤 💬 推薦 ···   觀賞影片   💬 發送訊息

該 結束的還是會結束……。結束了，真的結束了，想到四年的等待，再回想 8/5 ～ 8/21 這段期間所發生的一切，滋味是如此的難以描述，頓時有種被掏空的感覺，原來這就叫夢想成真。

 # 奧運鬧鐘響了！

在 2012 年倫敦奧運後設定的鬧鐘在 2015 年底響起。這是提醒我要報名里約奧運志工的鬧鐘。線上填好報名表和相關資料，認真做好每一次的線上測驗，在視訊面試時，面試官問我：「如果用一個詞形容你對奧運的感受，你會回答什麼？」我毫不猶豫回答 Dedication（奉獻）。

 # 終於踏上等了四年的旅程

多少個日子等待著錄取通知，每天回家就是收郵件，打了多通越洋電話確認面試結果，終於在 2016 年 6 月初收到了錄取通知，那時離奧運開始只剩一個月，很多志工因為覺得巴西太亂，或因為不爽這麼晚才給錄取通知而放棄，但我真的就是在等這一刻，我不知道有多少個四年可以等待，於是跟老闆辭職，做好離職交接，拿到經費和裝備贊助，在 2016/7/13 正式踏上這段等了四年的旅程。

【特搜】捕獲球星走一起！

突然覺得在選手村捕獲超級巨星比抓神奇寶貝好玩多了！哈哈，眼睛要放亮點才行，努力每天都去選手村捕獲。太陽到底跟哪些球星走一起？請見下面分曉。

▲ 第一排左起：NBA 馬刺隊 - 法國籃球隊 - 法國小跑車 Tony Parker、前 NBA 騎士隊 - 澳洲籃球隊 - 戴拉維多瓦 Matthew Dellavedova、NBA 馬刺隊－阿根廷籃球隊－阿根廷刺客 Manu Ginobili、NBA 馬刺隊 - 西班牙籃球隊－加嫂 Pau Gasol。第二排左起：NBA 勇士隊 - 美國籃球隊 - 湯神 Klay Thompson、前世界排名第 5 網球選手 - 法國國家網球隊 - 松加 Jo-Wilfried Tsonga、前 NBA 火箭隊 - 阿根廷籃球隊 - 斯科拉 Luis Scola。第三排左起：世界球王 - 西班牙國家網球隊 - 納豆 Rafael Nadal、前 NBA 勇士隊 - 澳洲籃球隊 - 博古特 Andrew Bogut、地表最快的男人 Usain Bolt、前 NBA 紐約尼克隊 - 美國籃球隊 - 甜瓜 Carmelo Anthony

 # 在世界上最瘋狂的國家參與奧運盛事

在奧運期間被多少個故事所感動，見證多少個世界紀錄，和多少個超級巨星拍照，看了多少個國際賽事，這些都很值得高興，但真正讓我感到驕傲的是我竟

然可以在世界上最瘋狂的國家參加世界上最盛大的體育賽事！希望把這種感動，這種運動家的精神，這種四年一次的難能可貴，繼續在我生命中像聖火一樣傳遞下去，永不熄滅。

Bye 2016 Rio；See 2020 Tokyo。

奧運志工申請流程

很多朋友丟訊息問我要怎麼報名奧運志工？怎樣的人才會被錄取？需要具備哪些能力？所以我現在就來跟大家分享申請過程。奧運志工的招募，每次都是由各屆奧運主辦國的奧運籌委會負責，通常招募流程大約在兩年前開始公告，於奧運會前一年底截止，每次志工人數都不一定，像是巴西奧運大約需要 5 萬人，主要面試流程分成五大部分：

❶線上申請
基本資料填寫，還包含語言能力、志工經驗、特殊專業（醫療、媒體、電腦等）、有興趣的工作內容和賽事項目……之後就會開始相關的語言測驗，測試所填寫的語言能力是否符合。

❷線上團體視訊面試
面試官與世界各地志工候選人在約定的時間舉行共同視訊面試，像我那次就跟馬來西亞、挪威、芬蘭、法國候選人一起面試，考題只有一個：「你們現在是個團隊，請在 2 分鐘內討論出最能代表奧運精神的三個關鍵字。」我們最後討論出來的結果是「紀律、地球村、運動家精神」。

❸線上個人視訊面試
面試官會針對你的申請表做確認。當時我被要求用一個關鍵字表達奧運志工對我的意義，我回答「奉獻（dedication）」就完成了。

❹結果通知

巴西奧運分成兩階段：第一階段是寄發確認錄取通知單；第二階段是通知奧運志工工作內容。

❺培訓課程

課程包含奧運歷史與基本知識、精神和文化、里約和巴西簡介、常見問答、情境問題演練、各項流程規劃，以及簡易葡萄牙語日常會話，用這些培訓來幫助志工快速融入奧運賽事。

到了正式比賽後，有跟我奧運主管討論錄取奧運志工的條件通常會是哪些？他回答說具備基本的三項能力（語言能力、志工經驗、特殊專業）或特質，通常錄取的機會很高。所以具有這些特質和能力的候選人，如果真的有這樣奉獻的心，希望成為奧運的一分子來讓奧運變得更好，都很歡迎加入奧運志工這個大家庭。

▲ 奧運志工報到成功！初報到時系統找不到我的資料，主管安慰我說：「放輕鬆，都會解決的。」果然！三天後拿到我的志工證了。哈哈，這就是巴西風格。

感恩縫紉機教我的事

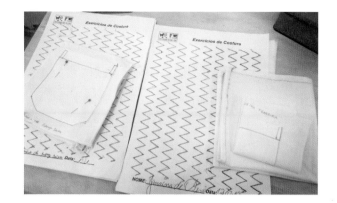

　　在奧運賽開幕前，來到里約附近一個大城市安格拉（Angra dos Reis），這裡有名的景點是周邊熱帶島嶼——格蘭德島（Ilha Grande）。這座島原本是漁港和監獄遺址，幾世紀以來是走私者與冒險家的基地，島上健行道路、隱密沙灘、翠綠叢林洋溢著濃郁的熱帶風情，使格蘭德島成為里約城外最宜人的放鬆地帶，而且距離繁華的里約只要 2 ～ 3 小時車程，不難想像這是巴西人和觀光客會選擇到訪的小島。

島上禁止汽車進入，可健行、泛舟或游泳，還可以租借帆船一探其他美麗的沙灘。這裡也是許多瀕臨絕種動物的棲息地，適合躺在吊床上度過慵懶的一天，或是享受野餐的樂趣。這個志工機會是我的沙發主人一位巴西朋友 Aruodo 介紹給我的，如果以時間來排序，這是我在南美洲第一份體驗工作。

就業環境不好，透過資源整合的方式，
小鎮社區婦女也能為家計盡一份力

　　Aruodo 說他家旁邊正好有個社會專案，主要對象是社區裡的失業婦女。她們本身很想要工作，幫忙分擔家計，但巴西現在整體就業環境不好，這些婦女找不到工作，只能在家照顧小孩、做家務。於是這個專案負責人就請了一個老師來教做裁縫，從機器使用、縫紉技巧、作品設計到最後的展出，幫助這些婦女在照顧家庭之餘，能夠發揮她們的專長，也讓這個小鎮除了觀光之外還有額外的產出。

　　對我來說，這次的工作也是一個新嘗試，平常只是看我奶奶在使用縫紉機，想不到自己真正用起來，難度如此之高。

**整個前進或是停止，
裡面富含很多技巧，
並非如我想像中踩上踏板就
順利車縫那麼簡單**

練習時，老師會拿一個圖案讓我們沿著線條車縫出花朵或是動物，真的非常神奇。一開始我失敗了許多次，明明是用鳥的圖案練習，車出來卻變成像蜥蜴的動物，鬧得大家哭笑不得。所以我就從基本的裁縫做起，慢慢學習當個小助手跑腿，看著婆婆媽媽的作品一件件完成，心想每個人其實都有這樣的能力可以做好裁縫，難怪很多國家都是以紡織業起家。只要你肯學習就會的技能，產品也是大家生活必備的衣物，真是開眼界了！

其實要操作縫紉機，手腳要靈活並用，配合方向，該斷線就要斷，該穿線就要穿，該轉彎的就要轉，不然只是會花更多線、走更多回頭路。感覺就跟人生一樣，很多時候我們需要抉擇，思考我們的下一步，要繼續前進，還是繞個路。只是我們不能像縫紉一樣，錯了就拿塊新布重新來過，只能繼續前進，好好完成我們的作品。

有時候最好的作品不是完美無缺走完每一步，
而是有一些小意外，使得這個作品變得更加有亮點

不只是弄巧成拙，也可能弄拙成巧，不是嗎？所以啊，持續的往前走，走歪了就再想辦法修正，對自己的每一步負責，讓我們自己的縫紉機編織出有我們特色的作品，這個是縫紉機教我的事。

太陽的後役
@taiyang30

👍 讚　📶 追蹤　💬 推薦　···　　　　　觀賞影片　　💬 發送訊息

　　出外靠朋友。在巴西聖保羅（São Paulo），有 David 與 Allan 的照顧和招待，不僅讓我食宿無憂，也令初來乍到的我少了陌生感。這張圖是在足球博物館拍的，來到聖保羅當然不能錯過這個點，透過館內的紀錄片、史料和互動遊戲，你就可以了解為什麼巴西人這麼深愛足球了。

 # 到處遇見好人

地鐵票要 3.8 元，可是你身上只有 3.5 元，又沒帶提款卡的情況下，怎麼辦？這時候有路人拔刀相助真感動，給他一個大大的讚！從聖保羅到安格拉，到的時間太晚，半夜找不到地方住，坐公車遇到的巴西大哥邀請我去住他家，他敢說我就敢住，不過他家外面有養貓狗，真的是要突破自己極限啊！哈哈。

水果阿嬤的親親

傳說中的里約果然很熱情，路過水果攤，顧攤子的阿嬤會請你吃水果，如果你有買水果，她還會送上阿嬤的親親，只是……不知道是我賺到還是她賺到。

上帝之城的小小天使講ＡＢＣ

除了足球和森巴美女，想必大家對里約貧民窟印象也很深刻，覺得這是個受幫派控制、躲藏毒梟、每日槍林彈雨、盜竊事件頻傳、生人勿近的一個地方吧。或許這些都沒錯，但也只是貧民窟的一個側面。貧民窟葡萄牙文為「Favela」，意思是「野花」。里約的貧民窟大多蓋在山上或山腰，放眼望去，漫山遍野的低矮房屋野蠻生長著，紅紅綠綠，像極了野花，這樣形容是有點巴西式風格，實際上是貧富差距、暴力犯罪等社會問題的縮影。

里約貧民窟估計大概有 600 個，總人口數約 120 萬到 140 萬左右。而統計里約人口大約 600 萬，每 5 人就有超過 1 人住貧民窟，任何政府看到這種數據都會頭皮發麻，演變至今已成為幫派犯罪組織的天下，連警察都不敢貿然進入。

貧民窟的房子蓋得密，早期既沒有電力，也沒有水，更沒有汙水排水管，衛生條件極差

排水系統的問題，使得貧民窟每逢雨季就淹水，造成環境髒亂，也因此成為疾病的溫床。水電、電纜和網路都是偷接的，看見哪戶人家有人來接電或網路，大家就開始偷接。走在街道上，隨處可見簡陋殘破的建築物牆面上有數個小洞，這些不是什麼螞蟻窩，而是幫派火拼後留下的彈孔。走在貧民窟記得不要亂拍照，因為這裡仍由幫派毒梟控制著，他們非常討厭拿照相機的人，可能會拍到他們並且讓照片外流，所以要特別小心。

山下物價是貧民窟的三倍，而且這裡不用繳稅，很多住戶其實都有能力搬離，不過他們還是想要享受這邊的福利，所以都不願意搬家。這些事

情政府都有看到眼裡，但為了選舉只能睜隻眼閉隻眼。在巴西，選舉是強制的義務，不是自由的權利，如果沒有履行這個義務，還會被相關部門找去「喝咖啡」。貧民窟的人口超過百萬，為了選票，政客會在選前為貧民窟做些建設，但是選舉過後他們的權益就會被忘記。

　　「生在貧民窟的小孩最大夢想是成為足球員，他們從電視或是跟朋友聊天中知道這是一個改變的最佳機會。」我的朋友 Lami 這麼對我說，但是當這些孩子長大後，如果發現自己不能成為足球員，就會改做黑道或是毒梟，因為在他們的眼中，這是掌握槍、權力、美女和金錢的身分，生活非常吸引人。

在貧民窟有個觀光行程，讓遊客有機會走入其中，一窺裡面居民真實的生活環境

　　這個行程是由在貧民窟長大的當地導遊帶領遊客走在貧民窟裡面。因為他對貧民窟的了解，可以帶遊客走在相對安全的區域，然後導遊會把收益用在貧民窟的社區發展，幫助興建學校或其他設施，並讓當地居民藉由

這樣的社區導覽，賺取一些觀光收入來做社區改造。同時，也希望透過這種在地的導覽，使外界對貧民窟有更真實的認識。

不過這樣的方式還是受到一些譴責，因為有些觀光客來到貧民窟，不是要來體驗當地生活，在不能拍照的地方還是硬要拍照，把貧民窟的居民當成逛動物園一樣對待。像是我就不太喜歡這樣的方式，想要好好體驗真實的貧民窟文化，所以我對於這個貧民窟導覽就比較沒興趣。

來到貧民窟，發現這裡也是有活力的一面，可以看到某些區域正在慢慢地改變

受到其他外國藝術家的影響，他們希望透過塗鴉來改變貧民窟的風氣，所以走在街道上可以看到很多彩繪，到處都是彩虹和色彩繽紛的塗鴉，充分展現社區生動蓬勃的一面，也為社區注入了一股活力。

全球很多志工團體也都看到貧民窟這樣的一面，所以紛紛伸出援手幫

忙，而我也因緣際會去到當地小學教英文，希望能夠透過語言的力量，用國際語言讓這裡的孩子有機會跟世界接軌，可以多看看外面的世界，跟外界的人多交流，讓他們生活變得不一樣，不再只有毒梟和黑幫這樣的選擇而已。

我工作的地點是巴西里約的羅西尼亞貧民窟（Rocinha Favela），電影《上帝之城（City of God）》、《里約大冒險（Rio）》與《綠巨人浩克（Hulk）》曾在此地取景拍攝，這裡是南美洲最大的貧民區，也是世界最危險地標之一。裡面很多家庭都受到幫派械鬥以及髒亂環境的影響，單親家庭、小孩照顧小小孩、身體障礙或疾病纏身的畫面，一幕接著一幕出現

在我眼前，讓人看了非常不忍心。這時候一個舉手之勞，無論是金錢或是勞力上的付出，對他們來說都如同天上降下的甘霖。所以葡萄牙語不通的我，還是可以教小孩 ABC 基本英文字母，還有數字、顏色、家庭、動物、自我介紹的英文，讓他們有額外的能力去選擇自己未來的生活。

看到這些小孩子露出純真的笑容，
我想，他們才是貧民窟裡面的天使

希望透過他們飛翔的力量，讓這個滿地燦爛花朵的社區，迎風紛飛到更遠的角落，等待綻放的美麗時刻。不要擔心貧民窟的黑暗面，只要你眼睛裡閃耀著光芒，願意付出，永遠都可以為貧民窟有需要的人帶來希望與幫助，每個人永遠都是貧民窟裡的英雄。

太陽的後役
@taiyang30

👍 讚　📶 追蹤　💬 推薦　⋯⋯　　　觀賞影片　　💬 發送訊息

前 晚跑去拉帕區（Lapa）喝酒戰到早上，天亮直接來這彩虹階梯——塞拉隆階梯（Escadaria Selarón），果然沒人，全部樓梯都是我的。

😆 # 在秘密景點與影子對話

參加 Free Walking Tour 帶我們到一個秘密景點，可以遠眺貧民窟在湖上的倒影，是個很適合自己跟自己影子對話的好地方。

 # 玩大冒險的下場

爬到貧民窟的山上，最好不要玩大冒險，不然就會有像這樣的照片出現。

做小點大體會：樂趣藏在改變中

在巴西各個角落都可以看到巴西糕點小店，販賣著各式各樣的點心、麵包或是飲料*，巴西人每天就是這樣一個麵包、一杯飲料，以台幣 50 元銅板價解決吃飯問題，無論是三餐或下午茶時段，都可以看到許多當地人在店內用餐的身影。

這是我在巴西奧運開幕前的第三份體驗工作，主要是協助打理前台的服務以及幫忙做點心。前台的工作還不會很辛苦，只要招呼客人、把客人點的菜送過去就好了；倒是做點心比較有挑戰性，必須

學會擀麵皮，不同的點心餡料有不同包法，要烤或要炸也都不一樣，箇中學問非常深。

一樣的麵粉和一樣的肉末，
藉由不同的造型，不同的添加順序，
創造出不同名字的點心

在巴西學做當地特色小點，這樣的工作體驗很新鮮，也很好玩。但卻不時要擔心會不會有壞人破門而入，整個過程提心吊膽的，晚上關店還要再三檢查鐵門的兩道鎖是否都有確實鎖好，就怕不小心一整天的辛苦就全部白費了。

感受很深的就是，各種不同名字的點心，使用的材料和餡料其實差不多，只是在添加順序和造型上做些變化，顧客同樣心滿意足的買單。這就跟生活一樣，很多時候不是我們覺得環境無聊，而是我們自己沒有嘗試去做改變。

不一定要出國，哪怕是一成不變的生活
都有它可以調整的節奏

就像是隔兩天走不同的路上班、早餐換成吃圓形三明治，都會有大大的趣味性。樂趣藏在改變中，讓我們一起來發現生活的新樂趣！

一般常見的巴西小點和飲料有這幾樣：

炸雞肉包 Coxinha

外形呈水滴狀，裡面包雞肉和奶酪，然後再入鍋油炸，小小一個，吃起來脆脆的，滋味無窮。

起司麵包球 Pão de Queijo

內餡是柔軟的起司，巴西人常把它當成早餐吃。最初非洲奴隸把木薯浸透做成麵包球，是使用木薯粉（Tapioca Flour）而非麵粉，這種加了奶酪、雞蛋和牛奶製作而成的小點心，香氣十足，味道自然且美妙。

油炸餅（巴西餃）Pastel

外觀膨鬆，看起來像餡餅，裡面包奶酪或是肉餡，是巴西人從小吃到大的小點心。

雞肉派 Empadao

巴西雞肉派內餡豐富，有雞肉和蔬菜，奶香濃郁，是巴西人的最愛。但雞肉派剛出爐容易碎，需要稍微放涼，等變硬一些再吃。

瓜拉納碳酸飲料 Guarana

瓜拉納（Guarana）是亞馬遜地區特產的一種野莓，富含咖啡因和多種營養素，是巴西最知名的水果之一。由於風味獨特、含有咖啡因，用來做成罐裝汽水，算得上是巴西「國民蘇打」，被打造成巴西著名的提神飲料。

巴西莓冰沙 Acaí

巴西莓（Acaí）外表類似藍莓，又稱巴西藍莓或阿薩伊果，生長在中美洲和南美洲地區，營養價值非常高，富含多種能量，一直被當地部落食用，是里約衝浪愛好者補充能量的首選，現在也被製成營養美味的冰沙。

卡琵莉亞 Caipirinha

有巴西國酒的稱號。卡琵莉亞 Caipirinha 字譯為「小鄉巴佬」，這種用巴西甘蔗酒（Cachaca）調製而成的雞尾酒，還會加上砂糖和萊姆，口感比伏特加順滑，沒有濃烈的酒味，但是後勁很足。也可以用清酒代替基酒，加上檸檬或是柳橙。據當地人說，這個配方是因應 1918 年流感所調製，至今仍然被用來治療普通感冒。

太陽的後役
@taiyang30

👍 讚　📶 追蹤　💬 推薦　•••　　　觀賞影片　　💬 發送訊息

早 起爬電報山 (Pedra do Telégrafo)，真的是用生命在爬山，哈哈！明明沒睡多久，就還是要這麼拚。出發時，我們先走海線，那邊的景致配合渺渺雲霧，真稱得上是仙境，一眼就能望見整個里約海岸線。

 # 從山上的貧民窟到富豪海灘

之前去過里約最大、巴西最大、也是南美洲最大的貧民窟，現在太陽來到了里約的富豪海灘，準備要衝向大西洋的懷抱。

排隊 4 小時就是要跟石頭拍照

電報山是個小漁村,整座山難度不大,20 分鐘就可以爬完。困難的是要跟那個石頭拍照,從 10 點等到下午 2 點,整整 4 小時,我第一次排隊排這麼久。趁排隊先想好要怎麼拍照,才不會在上面太久被其他遊客罵。上到電報山,最精彩的就是錯位拍攝——傳說中的洪荒之力之石,傾盡全力爬上去!
PS. 糖麵包山(Complexo do Pão de Açúcar)拍拍拍也很好玩喔!

【小記】巴西人真的很嗨,就算排隊還是會炒熱氣氛,讓排隊不無聊。等拍照的過程中有一幕很好笑,每次一有雲朵飄過來,巴西人就開始唱除雲歌,希望雲趕緊走開。

 ## # 不花錢登上基督山

5 點起床,想早點去爬基督山 (Corcovado),才能在早上有太陽的時候看到耶穌,不然下午背光就黑黑一片了。結果到那邊 7 點半,發現原來 8 點才開放爬山,我是當天第一個遊客。後來爬山過程滿險峻的,很多地方要搭配鐵梯和鐵鏈才能上去,我和用爬山慶祝自己 66 歲生日的伯伯一起攀爬,到了山頂看到

耶穌的背影，很感動我竟然離世界七大奇景這麼近。結果亂走亂走，看到一扇門可以進去，就這樣糊裡糊塗進到景區裡面，連門票 24 元巴西幣都不用付了。

和耶穌一起擁抱世界

花了 1 小時，登上了基督山，從這裡開始我的自拍人生。跳了 30 次，腳都快抽筋，終於可以和耶穌一起擁抱世界，為這個紛擾的世界祈福。

里約其他足跡

畫畫也能做善事助人

巴西里約奧運閉幕了，繼續前往附近另外一個有名的城市帕拉蒂（Parati）。找到共乘 BlaBla，第一次嘗試，感覺還滿不錯的，司機兼導遊只要台幣 400 元（搭巴士原價 700），還送到 Hostel 門口，真是太划算了！

帕拉蒂是個葡萄牙殖民城市，距離里約有 4 小時車程，背靠高山峻嶺，朝向大西洋，周圍有幾十個夢幻般的美麗小島環繞。說到殖民城市，我們就先回到 16 世紀的帕拉蒂。當時帕拉蒂是印第安人居住的地方，之後有葡萄牙人移居此地開始殖民，由於後來附近挖到金礦，就在帕拉蒂闢建港口，便於將蔗糖、金礦、咖啡和其他資源運輸到葡萄牙，因而成為巴西第二大港口。

卵石街道與葡萄牙人留下的木頭建築，
讓這整個城市充滿特色，殖民風情完全展現

　　房屋外牆大都漆成白色，只有在門窗刷上鮮豔的顏色，各式各樣的藝
術畫廊、手工藝品小店，使小鎮的葡萄牙殖民色彩顯露無遺。雨後的小鎮，

部分地方會淹水，倒映著
多彩多姿的顏色，當地人
稱帕拉蒂是「巴西的威尼
斯」，知名電影明星《暮
光之城（Twilight）》男女
主角也曾來到這個城市度
蜜月。

　　在這裡有一條黃金道
路（Gold Trail）現在是用
來回味當年奴隸如何造路
把黃金運送到港口。太陽
在這邊看到一項新奇的運

動——「滑石」，瀑布沖刷在一塊巨大而光滑的石頭，水流很慢，但是它的光滑面儼然已成為本地人的滑行勝地，只用雙腳平衡就直接從岩石上方滑下來，真的是有練過。

每個人都有自己的方式可為社會盡一份心力，就像我在海邊遇到的這位女畫家

　　她本來住在里約，但是因為那邊太多人被商業氣息影響，忘記了很多人需要幫忙，所以畫家選擇出走到帕拉蒂，每日看著海景創作，然後把這些作品賣給遊客，再將所得捐給有需要的小孩。

　　其實每個人都有成為藝術家的天分，更不用說是慈善家。我路過當起了畫家，也做了慈善家，一樣可以畫畫做公益。只要你肯用心、肯付出，我們的作品一定會有人欣賞。

![logo] 太陽的後役
@taiyang30

👍 讚　📶 追蹤　💬 推薦　…　　　　　觀賞影片　　💬 發送訊息

再 見里約！奧運過後路上行人真的寥寥無幾，連警察都休息，這反差也真是太大了。用這張吹熄的奧運聖火來跟里約說 Bye-Bye 囉～

 # 不只是滑石

好久沒有住 Hostel 了！其實就是希望在大城市當沙發客，來到度假城市就住 Hostel，期待這樣搭配可以遇到更多精彩故事。所以除了滑石之外，太陽又和 Hostel 的朋友跑來 15℃野溪玩跳水，You jump I jump.

吸血鬼也愛上的美麗小鎮

看過《暮光之城》的朋友們，還記得愛德華和貝拉結婚度蜜月的海邊 Villa 嗎？沒錯，就在帕拉蒂。太陽很喜歡這個色彩繽紛的殖民小城市，實在太漂亮了！難怪當初劇組會選在這裡拍電影。

人人都來當海龜保育超人

在離里約6小時、聖保羅4小時的地方，有個城市叫烏巴圖巴（Ubatuba），是巴西人度假衝浪的首選，整體感覺就像宜蘭大溪，非常的舒服，一條長長的海岸路線貫穿整座城市，當地人時常會在海岸線運動散步，生活簡單優閒，加上美麗的無敵海景，每年都吸引很多觀光客和巴西人前來避暑。

這邊蘊藏有許多神祕的叢林以及海灘，無論遊客想要有個開放的空間或是私密聚會都沒問題。此

外，烏巴圖巴還有個重要的景觀就是海龜，因為這邊地形聚集了很多魚類，海龜會前來覓食，但居民把海龜視為普通生物，完全沒有在控管，導致海龜的數量急速下降，於是巴西政府為此在烏巴圖巴設立海龜保育中心，除了進行海龜保育工作，也希望能對參觀者積極宣導海洋生態平衡的重要性。

海洋資源並不是無止盡、取用不竭的，
所以你我的重視十分重要

由於太陽從小在靠海的漁村長大，對這種海洋資源生態保育非常重視，就主動跑去跟這個海龜保育機構說明我的計畫，詢問能否留在這邊幫忙做志工，宣傳守護海龜以及海洋資源的重要性。

而這些其實是我們大家都需要共同來守護的，因此藉這機會也列出幾點跟大家做個宣導：

❶溫度決定海龜出生的性別，太熱是母的，太冷是公的，所以全球暖化會造成母海龜數量大增，公母數量不均衡。

❷要如何區分海龜性別？公海龜尾巴比較大，手掌有類似指甲的特徵，這樣才能爬到母龜身上進行交配。

❸海龜的手腳和頭是不能縮進龜殼的，只有陸龜和兩棲龜可以，因為在陸上常遭受風吹雨淋，所以陸龜的殼比海龜還要硬。

❹海龜吃進去的垃圾幾乎排不掉，使牠們以為自己很飽就不吃，然後因此餓掛了，或者因胃太膨脹而無法潛入深海，所以請不要在海邊亂丟垃圾。

❺海龜記憶力很強，會回到自己出生的海域產卵，母龜一次約產下100個蛋，孵化期需要一個月。小海龜出生後歷經攻擊補獵，通常最後長成大龜的只有 3～5 隻。

　　過去烏巴圖巴的漁夫補到海龜會拿來吃，還把龜殼切片用來製作項鍊或首飾，甚至將整個龜殼當成小孩的搖籃，現在當地有這個海龜保育中心教導生態保育，有關海龜的保育問題才逐漸受到重視。

歡迎加入海龜保育超人的行列～

太陽的後役
@taiyang30

👍 讚　📡 追蹤　📣 推薦　⋯　　　觀賞影片　　💬 發送訊息

離開帕拉蒂之前，跟其他的旅人道別後，一早先到舊城區閒逛。早上陽光偶爾透出雲層，將小鎮色彩襯得更鮮豔。一眼看過去，很多漁船也都穿著色彩繽紛的彩衣，心想回到台灣能不能也提倡這樣的色彩學？因為這麼做不需要額外建設，單單油漆的改變就能帶來不同風貌。

用導遊證進入海龜保育中心

移動到烏巴圖巴，在這裡同樣也是住 Hostel，一晚台幣 250 元，還供早餐。隔天經過水族館，來到海龜保育中心，用導遊證進到裡面，發現那邊真的對我有不少啟發，原來人類對海洋破壞這麼大，使得漁村出生的我有點兩難，不知道該如何取得平衡，但最重要的還是要多提倡、多教育才行！因為路上的垃圾有人掃，海裡垃圾卻是動物吃掉，看到海龜肚子裡面滿是垃圾的畫面，真的很心痛！

 # 跟著教授大哥去探秘境

在 Hostel 遇到新朋友，教授大哥說要帶我一探烏圖巴真正的秘境。結果最後有五人團亂入。那邊真的有點距離，必須開車才到得了，而且要去秘境海灘，還要先穿越叢林、渡河溯溪（碰到漲潮時感覺就快滅頂了）。最好玩的莫過於大哥的獨木舟，真是太意外了！大哥車子裡什麼都有，獨木舟自己打氣，划在叢林裡面有點冒險亞馬遜的 fu。更刺激的是那艘船還破洞，不能划太久，實在超有趣！這秘境太漂亮了，超棒。

從巴西足球到網球的訓練

　　巴西首都聖保羅（São Paulo）是南美洲最大的城市，聚集了很多到這裡尋找機會的南美洲人。這次來聖保羅是要拜訪同為奧運志工的好友 Cezar，我們原本都是負責籃球項目的志工，里約一別，也快要一個月沒見面了，志工的工作讓我認識了不少朋友，在旅行途中也都有保持聯絡。

志同道合，放諸四海皆朋友，
不放棄，轉個彎，一起圓了奧運夢

身為東道主，為了
盡地主之誼，Cezar 帶我
去了不少地方觀光，還
提供我一個大大的房間
休息，真是太感激了！
他以前是巴西國家籃球
隊的青年國手，後來因
為腳受傷，比較少打球，

不過他跟我一樣，一直有個奧運夢，所以儘管無法以運動員身分參加奧
運，他還是決定用奧運志工的身分完成他的奧運夢。

Cezar 目前主要工作是幼兒園的司機，這樣他可以下午就下班，然後
晚上去打業餘選手的籃球比賽。很開心他也邀請我一起去參加，而向來熱
愛運動的我，有機會在這麼高張力的籃球比賽展現身手，真的很過癮！

又是一樁無心插柳！
教到好苗子，在南美足球強國散布網球種籽

閒聊時，跟 Cezar 分享我的志工目標，而他記得我會打網球，就問我
要不要去他朋友的學校教大家打球。既然有這個機會，我當然很願意，也
非常喜歡這樣的工作，以球會友真開心。

去到那裡後，發現 Cezar 朋友的學校有很多體育系學生，本來運動天
賦就很高，只要講幾個要注意的地方，很快就能上手，因此從一開始的球

感練習，到穩定的打牆壁和對打，個個進步神速，讓教球的我也教得很有成就感。

課後這些學生跟我說，在巴西主要風靡的還是足球，其他運動就比較少人參與，更不用說像網球這種比較花錢的運動，也因此他們打網球的機會真的很小，像我這樣願意免費教網球的人更是沒有幾個，所以他們也都學得很開心。

很多時候我們不要求任何回報，
要的就是他們滿足的心情、得意的笑容

或許，很多時候這些也都比任何有形回報來得更加美好。我想所謂的無私付出就是這樣。

太陽的後役
@taiyang30

👍 讚　🔊 追蹤　💬 推薦　⋯　　　觀賞影片　　💬 發送訊息

抵達聖保羅當晚和 Cezar 的親戚去吃披薩，發現在這邊吃披薩，服務生會幫你切好放在盤子裡。吃飽見到 Cezar 的家人，他堂弟也是漁夫人生，我們聊了好多漁夫的事情，突然覺得像這樣親戚住一起也很好，大家互相幫忙、彼此照應，挺讚的！（注意到沒？巴西人真的很愛按讚）

 # 獨立紀念！多力多滋吃到飽

真巧！今天（9/7）是巴西獨立紀念日，全國放假，到處都在辦 party，我的沙發主人 Lucas 邀請我去參加他朋友的墨西哥趴，大夥聚在一起邊吃邊聊，非常開心。（這應該是我長這麼大吃多力多滋最多的一天吧！）

巴西人也瘋抓寶

在聖保羅住了三天，瀟灑揮別 Cezar，搭 BlaBla Car 來到被聯合國選為「全球最宜居城市」的庫里奇巴（Curitiba），感受到這城市的特色與貼心——可遮風避雨的膠囊造型公車站；也進到了傳説中的植物園，發現巴西人原來也很瘋神奇寶貝，到處都有人在抓寶。不過這裡的治安比聖保羅好，大家都光明正大把手機拿出來，果然是被評比為最安全和最有規劃的城市。

 # 折氣球換搭便車天下無敵

在庫里奇巴和聖若澤（São José dos Pinhais）各住了一晚，白天行程很知性、很健康，又是騎腳踏車，又是逛博物館，晚上卻都在跟趴。再來要前進伊瓜蘇（Foz do Iguaçu）了，一早就去共乘，很幸運找到一對也是要從庫里奇巴到伊瓜蘇的司機情侶，他們不僅貼心的準備早餐、請吃飯，還怕我坐車無聊，一路用英文跟我聊天。送氣球給他們，還不收我車錢，真是超級大好人！

| 太陽的後役 | 巴西 60 天流浪超給力

巴西（Brasil）是個按讚的國家，大家打招呼都是比個讚，說「抱歉」或是「不客氣」也比個讚。這是個很直接表達自己情感的國家，路上隨處看得到男女、男男、女女牽手親吻，呈現開放的多元文化。同時這也是個大家會壓底線的國家，一個月的工作一定都壓在最後一天完成，所以我們不需要為他們擔心。他們總是對我們說：take it easy.，旅程還繼續往前走，所以我也是 take it easy and keeping going.

城市

❶ São Paulo - 聖保羅
❷ Angra dos Reis 安格拉 - 杜斯雷斯
　（安格拉）
❸ Rio de Janeiro 里約熱內盧（里約）
❹ Parati 帕拉蒂
❺ Ubatuba 烏巴圖巴
❻ São José dos Pinhais
　聖若澤 - 杜斯皮尼艾斯（聖若澤）
❼ Curitiba 庫里奇巴
❽ Foz do Iguaçu 伊瓜蘇

工作

奧運志工—中國籃球隊隨隊人員
奧運志工—比賽數據記錄員
協助社區婦女的裁縫小弟
貧民窟英文老師
巴西糕點店小幫手
慈善公益畫家助手
海龜保育中心導覽員
網球老師

費用

巴西簽證	TWD	2500
住宿費	TWD	1000
交通費	TWD	2500
食物費	TWD	2000
娛樂費	TWD	5000
總計	**TWD**	**13000**

也是拚人生！飛半個地球來看你

這不是電視劇，但是這樣的劇情確實發生在我身上。

在巴西待了 2 個月，頭髮太長，想說要去物價比較便宜的巴拉圭剪頭髮，但是拿台灣護照入境巴拉圭要簽證，想想還是有點麻煩。後來聽說海關不會查，就想碰個運氣，不辦簽證偷跑進去。

當天在關口確實看到很多人用走的過去，所以我就找了一個比較對眼的，跟著他屁股後面走。想到辦簽證台幣 1500 元，被抓包罰台幣 5000 元，當下心裡其實滿緊張，但這時候就越是要演得自然，最後果然闖關成功，順利進到巴拉圭。

大家都說東方市這邊的東西便宜，
我就幫爸爸買了頂帽子，
然後剪個頭髮當作紀念

　　來到東方市（Ciudad del Este），果然看到一堆賣雜貨的店家，裡面有很多貨都是盜版，我甚至連剪頭髮都跟老闆殺價，最後在語言不通的狀況下，敲定以台幣 100 元成交，真開心。就初步印象來說，我覺得巴拉圭這個國家很有趣，這裡的人都很會算，你可以用美金、巴西幣、阿根廷幣、巴拉圭幣付錢，所以買東西都要拿著計算機敲，考慮用哪種貨幣付錢才划算。（當時匯率：1 美金 = 3.2 巴西幣、1 美金 = 16 阿根廷幣、1 美金 = 5600 巴拉圭幣、1 美金 = 31.5 台幣）

　　剪完頭髮，在要回去路上巧遇頭戴台灣帽子的許大哥，真沒想到在這裡會遇到台灣人，許大哥也說他平常很少戴那頂帽子，只是今天剛好戴上，所以我們兩個真的很有緣分。我跟他說了我的志工計畫，希望能在南美洲完成 30 種不同的工作體驗，結果就被他撿回去，遇到了好多台灣僑胞，每個都超佛心的！我心想如果剪頭髮時間長一些，或提早轉了彎，就遇不到許大哥，真的是飄洋過海來相遇。同時也因為這次的巧遇，開啟了我在巴拉圭的台灣味旅程。

在台灣可能一輩子都沒有機會遇到，
就是偏偏要飛半個地球，到巴拉圭來相遇

　　許大哥要我平常時候
去他店裡幫忙，他可以順
便跟我說一些巴拉圭的文
化，以及他以前的奮鬥過
程。其實我真的從小就很
佩服僑胞，因為他們以前
只是單純聽朋友說巴拉圭

好像可以做生意，就一個人單槍匹馬、飄洋過海來到異鄉打拚，不單是事
業要重新來過，語言溝通也是一個大問題，但他們還是很努力，想盡辦法
找出一條生路。

　　許大哥就是這樣一路拚過來的。他在巴拉圭經營一家百貨超市，每天
早上4點就開始營業，一直到下午2點才收工，巴西和巴拉圭兩邊跑，真
的是很艱辛的打拚人生。不過，僑胞們在這邊辛苦工作雖然有錢賺，卻還
有一個必須要面對的問題，那就是搶劫。

這邊當地人都會眼紅華人的事業做很大，
常常會有人闖空門，或是在光天化日下搶劫

　　所以在這裡的華僑總是特別小心，會在店裡面擺一把槍自衛，出門也
都只帶一些現金，更不用說由小道進出，不走大門來確保安全。門口警衛
雖然是額外的成本，但還是省不得。像這樣提心吊膽的打拚，我想，日後
收穫的果實一定是很甜美的。

太陽的後役
@taiyang30

👍 讚　　📶 追蹤　　💬 推薦　　⋯　　　　　　觀賞影片　　💬 發送訊息

巴 拉圭就近在眼前，不去可惜，決定亂闖看看。路上看到很多摩托計
程車，是黃色的，還配安全帽，想說這麼好有人要給我搭便車，但
果然是要收錢的。（哈哈）最後還是攔了一台車，免費送我到橋頭，真是
好的開始。

巴拉圭非法入境剪頭髮

噓～不要告訴別人我沒辦簽證偷跑過來
喔！頭髮三個月沒剪了，成功偷渡巴拉圭
想做個比較特別的紀念，乾脆就在東方市
剪頭髮。（旁邊這位老師傅在剪之前還很
配合的讓我先拍了一段影片記錄）

 # 神奇小鮮肉踏上了神奇旅程

許大哥帶我到桂香阿姨的麵包店,吃到好多台灣麵包,超感動!好好吃!太開心了啦!但我就是不能只吃飯不工作,剛好中秋節快到了,就客串一下月餅工人。晚上歌友會聚餐,我也被叫去參加,吃到台式料理,有炒飯,還有白斬雞,超幸運!超有口福!我的新外號是神奇的小鮮肉,這真是一段神奇的旅程。

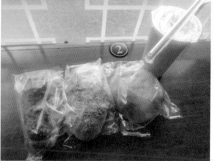

戲棚下最熱情的台灣同胞

經過許大哥的引薦，我在東方市陸續又認識了其他位華僑，大家都是早期就到這邊打天下，然後開始成立自己的華人圈，甚至街上還看得到在賣豆漿、台式便當、臭豆腐等台灣美食。跟這邊的華僑交流，也讓我有機會聽他們說以前的奮鬥史，真的很生動。

地處巴西、阿根廷和巴拉圭三國交界，
美國商業雜誌評為
世界第三大轉口貿易中心

東方市是個很有代表性的邊境城市，1980～1990 年代左右，因為巴西通貨膨脹，巴西人乾脆都

不把錢存銀行，全部消費轉換成實物來保值，當時東方市就是提供巴西民生用品的重要供應站。

　　有華僑說那時客人到東方市消費，一天可以收三種不同價錢，早上100塊，下午就通膨到500塊，商家每天收入都是幾萬美金，光鈔票就數到手抽筋，零錢就不收了，還要用麻布袋裝，回家再慢慢點數，造就出許多超級富豪。（聽說有人四個月賺200萬美金，真的超強！）

　　這邊的店早上5點就開門營業，迎接一波波瘋狂的人潮；下午3點下班，街道瞬間空蕩蕩的，只留下滿坑滿谷的垃圾，還要出動推土機清理。我在這裡也認識了開麵包店的桂香阿姨，以前她在三峽知名糕餅店工作，聽說巴拉圭機會很好就跑過來，一開始推廣台灣麵包也很辛苦，挨家挨戶敲門介紹，熬了很久才終於闖出名堂，大家都知道阿姨的麵包好吃，總算努力有了收穫和回報。

早期的繁榮盛況不只吸引了商人，
也招來一大堆黑道橫行市街，強收保護費

　　聽說他們逢年過節會給你一罐20美金的酒當禮物，然後擺在櫃台那邊，意思是要店家包紅包——小間店包2000美金，大間店則由5000美金起跳，沒包或是太少就準備關門吃子彈。那時還好有華僑組織自衛隊，跟

當地警察單位合作，一起掃蕩黑道，經過一番整頓，現在的治安比以前安穩許多。

這幾年巴西經濟停滯，生意沒有像以前那麼好，而且有更多阿拉伯人湧入，生意越來越競爭。東方市每個店家都在尋求轉型，尋找新的機會，老實說我想過留下來發展，直覺這裡有很多空間，不怕沒有機會，就怕你不來這邊卡位。套一句經典的俗話：「戲棚下站久就是你的！」

擔任僑務大會志工，使我了解到除了華僑本身的努力，其實台灣外交部也幫了很多忙。由於台灣跟巴拉圭政府的友好關係，讓雙方貿易都有合作空間，華僑將他們的聲音進行反饋，外交部就會舉辦僑務大會，讓雙方彼此交流、分享經驗。

台商發展的好，也能有機會回饋台灣，
這是一種雙方互利互惠的過程

像是台商子女回台受教育，或是台灣學生到巴拉圭的生活打點，這樣的合作活動更是多樣化。我在東方市停留那些天，除了學西文、當志工，也到僑胞大會分享我旅行的經驗以及擔任奧運志工過程，或許他們的小孩以後也會想用同樣方式參與奧運，也說不定。

太陽的後役
@taiyang30

吃 吃吃，炒飯、蔥爆牛肉、滷大腸，一整桌台灣味，好懷念唷。來到東方市重溫久違的台灣氣氛，吃台灣麵包、吃台式便當、吃中秋月餅，感覺我之後的日子真的不愁吃住了。

亂入歌友會

中午的聚餐，同時也是歌友會，大家唱歌吃好料，好久沒有這麼「台」了，感覺都不像在國外了是吧？

 # 感謝大哥大姐的厚愛

在異鄉遇到台灣僑胞,特別能感受到鄉親的熱情,不僅吃喝玩樂都有我一份,還送我衣服、手錶,把房子借我住,真的很感恩。

用台灣美食傳送溫暖與關心

外交部是華僑在異鄉的最佳夥伴，互相打點，相互扶持。

這次外交部的活動也是很精彩，為行銷台灣美食，促進文化交流，僑務委員會舉辦「2016年中南美洲台灣美食廚藝巡迴講座」，由外交部邀請五星級主廚到中南美洲巡迴，用台灣美食傳送溫暖與關心。受邀的兩位廚藝大師擁有數十年廚齡，示範菜色道道都是精華，深入淺出分階段示範，從選料、配色、火候到品味，鉅細靡遺。

僑委會歷次舉辦美食廚藝講座均獲熱烈迴響，不只是讓僑胞重溫台灣美食、協助海外僑營餐館提升經營實力，也讓當地人認識到台灣美食文化。這一次當然也不例外。

台灣人的熱情果然高溫，
參加人數盛況空前，講座場場爆滿

我接到通知可以去捧場，順便幫忙做些事情。雖然前一晚的 Casino 初體驗到凌晨 4 點才回家，花了些工夫爬起床，還是興沖沖到會場做小幫手，協助準備料理。

事前我就跟廚師在當地僑胞的餐廳備料，想不到還有機會在五星級主廚身邊學習，當然要格外打起精神，集中注意力。而兩位主廚也很仔細的教導我，從切菜到各種食材的料理，在細節上不斷的提醒，好的廚師果然是不放棄任何食材，會穩妥的做好每一個細節步驟。

除了美食廚藝講座之外，剛好這次講座適逢中秋節，當地台灣麵包店也大力支持，一顆顆月餅裡面的餡料，包的全都是正港台灣豆沙，不要說是這邊的僑胞了，就連我的味蕾也是大大的被滿足。

濃濃的台灣味，讓身在異鄉的僑胞回味無窮，
美食就是這樣拉近人們之間的距離

不一樣的空間，但是熟悉的人群、熟悉的相處方式、熟悉的味道，我想這就是台灣僑胞能持續在海外奮鬥下去的關鍵之一。

　　真的很感恩東方市這邊的僑胞，本來只是做志工義務幫忙，他們卻說也要盡地主之誼，招待兩位主廚遊覽附近知名景點，連我也一起帶上，實在太感動了。位於巴西和阿根廷邊界上、被列為聯合國世界自然遺產的伊瓜蘇瀑布（Cataratas do Iguaçu），是聞名全球的世界三大瀑布之一，

連羅斯福總統夫人也曾大力讚嘆它的威力，那「魔鬼的咽喉」真不是開玩笑的，在巴西端可以看到整個瀑布全貌，令人大開眼界，非常震撼，不禁要對大自然的威力甘拜下風。

　　此外，更不能錯過飼養多樣物種的伊瓜蘇鳥園（Parque das Aves）。裡面聚集了來自巴西和世界各地的鳥類（有些甚至已瀕臨絕種），進到園內彷彿置身原始森林，當繽紛多彩的鸚鵡和大嘴鳥不怕生的靠近身邊時，那種感覺十分獨特，也非常驚豔。

另一個不能不提的還有世界七大工程奇蹟之一、全球第二大水力發電廠——伊泰普水壩（Itaipu Dam），想不到在1970年代人類就有這樣的建造技術，真是驚人！光一個水壩就供應了整個巴拉圭和巴西的

電力需求，雖然規模僅次於中國三峽大壩，但論水量和發電量仍是世界第一！話說巴拉圭佔地利之便，錢都是巴西出的，然後巴拉圭發電再便宜賣回給巴西，哈哈，哪有這麼爽的事情。不過這樣巨大的工程在近半世紀前可謂是個建設的奇蹟，有機會一睹如斯奇景，真的太感恩了。

WELCOME
ALL NATIONS
IN ONE OF
7 WOND
OF THE W

太陽的後役
@taiyang30

👍讚　📶追蹤　💬推薦　…　　　　觀賞影片　💬發送訊息

第一次見識到這麼壯觀的場景，WOWOWOWO，太多 WOWOWO 了啦！傳說中的伊瓜蘇瀑布果然沒讓我失望，太猛了！照片一直拍一直拍，本來想在那邊多逗留的，可是跟著小團，也不好意思拍太久。接著跟去吃了五星級的 buffet，景觀超強，旁邊就是瀑布，是我目前吃過最高級的餐廳了，超厲害！還有啊，去那天剛好是中秋節，中秋到伊瓜蘇瀑布，發現外國月亮真的比較圓耶。

超可愛的鳥園天堂

百聞不如一見，在伊瓜蘇鳥園看到好多珍稀鳥類，一身斑斕色彩超美的！還見到大嘴鳥 Tucon 的本尊，好呆萌，好像布偶唷！

 # 三國邊界，酷喔！

許大哥聽說我沒去過三國邊界，就說要帶我去見識。過了巴西海關，一座橋連接巴西和阿根廷，漆著兩個國家的代表色，巴西和阿根廷交界＋巴拉圭車牌的車，一個瞬間三個國家，難怪他們常開玩笑說出國吃飯，出國逛街，一天吃三種國外料理是有可能的。

【小記】晚餐跑去吃阿拉伯捲餅。想不到沙威馬在這裡這麼流行，很好吃，謝謝許大哥和趙大哥一天的導覽，很棒的一天。

這段巴拉圭（Paraguay）驚奇之旅，在半路遇到一位台灣僑胞後展開，各種台灣美食像是菠蘿麵包、火鍋、五更腸旺、蔥爆牛肉填飽了我的肚子，還參與了中秋晚會、歌友會、僑友會、華商經貿、五星級廚藝講座等各種當地活動，最棒的是遇到總領事、理事長、參事、總會長以及許多前輩、大哥、姐姐們，真不知道是哪修來的福氣，為我這段旅程添加了許多精彩。

以前僑胞對我來說只是個遙不可及的名詞，現在我才終於真正體會到僑胞的重要和熱情。原來在海外還有那麼一群人，以前隻身飛往陌生國家奮鬥，總是無形有形的對台灣付出、照顧新到此地的本國同胞，他們值得我們的掌聲，也值得我們的尊重，謝謝他們，讓我重新認識了僑胞。

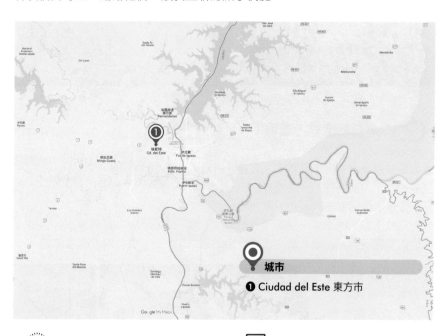

城市

❶ Ciudad del Este 東方市

工作

百貨超市經營
台灣僑務大會志工
五星級廚師小幫手

費用

剪髮費	TWD 100

測量距離換柳丁真奇妙

聖塔菲（Santa Fe）是我第一個在阿根廷落腳的城市，本來只是要坐車路過，但因為車票賣光了，又發現在阿根廷分段買車票，比直接買一段的交通費便宜，於是我就在這個城市短暫停留。

意外來到聖塔菲，結果卻帶來大大的驚喜。這裡有類似舊金山的小型版金門大橋，有白色教堂，有很多當地人在遛狗，看似非常悠哉，很適合退休生活。整個城市瀰漫著悠閒的氛圍，尤其到了傍晚，海岸沿線會看到許多在地人在那裡跑步、玩水、散步，共享家庭時光，生活過得格外寫意。

阿根廷是個下午 1 點到 4 點休息的國家，
這段時間市中心空蕩蕩的，大家都去午睡或是散步了

　　我對於阿根廷人的第一印象，感覺他們也是熱情滿溢，每個人都很願意跟你相處，願意去分享，願意去教導，很多人都是歐洲後裔，所以在路上隨處可見混血帥哥和美女。

　　而我在阿根廷第一份工作就落在這麼棒的城市裡面。我的沙發主人Lucas 自己有在開公司，主要從事設計和測量工作，像是測量整個建案的距離、提供建案或是建築的標準距離，然後店家就可以開始做規劃，比如設計或是土地劃分。

　　雖然以前常在路上看到有人這樣做，不過這是我第一次實際操作量測工具，它準確到可以利用光學

▲ 和沙發主人在公園野餐。

測量彼此的距離和方位,這樣就不需要其他尺線,方便許多。

這次工作地點是在農園裡面,在幫主人測量完間距後,農場主人很慷慨的請我們大吃一頓

而且剛好他們家是種植柳丁的,結束後他就叫我們自己去摘柳丁來吃,隨便我們摘,真的好棒!補充維他命 C 是旅途中不可或缺的,算一算我大概摘了快 50 顆吧,一路上都有柳丁陪伴著我前進,有吃又有拿,太感謝了。

太陽的後役
@taiyang30

👍 讚　📶 追蹤　💬 推薦　⋯　　　觀賞影片　　💬 發送訊息

搭 了 17 個小時客運，早上 5 點抵達聖塔菲。先記下一筆，再回過頭來說離開巴拉圭之前，快閃阿根廷伊瓜蘇瀑布的一日探訪。

 # 退休生活好所在

聖塔菲的生活步調很悠哉，我剛好碰到他們的勞動節，店家幾乎都沒營業，走在路上沒看到人，就到處亂晃。跑到鐵橋那邊，發現好漂亮的地方，有橋有河，絕配！走著走著，看到 Lucas 和他朋友也在海邊，大家就一起踢球，然後在公園那邊看日落。隔天我又去看橋那邊的夕陽，果然景色很讚，很滿足，也很享受。雖然是意外造訪，但我真的很喜歡這個城市。

藍天、彩虹和伊瓜蘇瀑布

拖了好久,一延再延,終於要來去阿根廷的伊瓜蘇瀑布了。這部分位於伊瓜蘇國家公園(Parque Nacional Iguazú)內,與伊瓜蘇河對岸的巴西部分都被聯合國教科文組織列入世界遺產名錄。一早黃大哥載我到巴西海關,辦了出關,然後去阿根廷入關,我從伊瓜蘇港(Puerto Iguazú)想辦法搭車到了國家公園,原本想說只是來看咽喉,沒想到我錯了,那個上下棧道千萬不能錯過,有很多彩虹可以搭配瀑布拍照,真的太漂亮了。其中下棧道還可以奔向瀑布喔!

【小記】可惜無法用導遊證進入國家公園,只好乖乖買票進去,直奔魔鬼的咽喉。坐上火車,到達咽喉處只能說真的太壯觀了,看著那深不見底的澎湃,手機差點掉下去,好險。那陽光灑落的倒影,乾淨的天空,讓我拍了又拍,錄了又錄,整整待了2小時才離開。

一顆黃豆，多樣化的食物

來到阿根廷的第二大城市哥多華（Córdoba），發現這是個充滿古老教堂的城市，很有味道。市內教堂林立，歷史古蹟具有特色，西班牙式風味的舊市街洋溢著豐富的歷史文化，連往來繁忙的交通也成為城市一大特色。

出站就看到一大堆的計程車，還有往來車輛和人口也非常多。嘗試自己搭公車到雪珍家，結果卻是崩潰的開始。哪有人公車一等就是 1 小時，車上還塞滿了人，行李爆多的我很難移動，再加上只能用公車卡付費，還得請路人幫忙，真是一趟辛苦的旅程。

費盡千辛萬苦終於抵達雪珍家，還好她很貼心的到門口等我，真的很感謝。認識潘大哥和雪珍一家人，我才知道在阿根廷有一群華人，他們很早就來到這個地方，主要是因為宗教的關係。

他們大多是一貫道的忠實信眾，信仰的教義是要來到世界南端找尋真道

　　這群華人都是素食者，有些來到這裡後仍持續推廣素食，一開始當然也是不容易，畢竟阿根廷人幾乎每餐都離不開牛排，要他們吃素，需要一段時間，而這群一貫道的朋友也在這開設素食餐廳，或是販賣素食食品，除了本身華人的素食市場之外，也希望能推廣到阿根廷市場。

　　雪珍他們家是做豆腐的，全家人都吃素。太久沒吃到這種懷念的食物，入口當下心中的感動與感恩，真讓人超想流淚的。叔叔阿姨一直擔心我吃不習慣，但完全不會，原來久久未吃的，才是真正自己喜歡的味道。

從來沒有想過有一天我會來學做豆腐，更不知道原來黃豆能夠做出這麼多不一樣的產品

　　早上跟著阿姨做豆腐，發覺這真是充滿學問和眉角，像是黃豆要挑過，不能加太多水，要過濾雜質，要煮沸不能直接喝（不然會中毒）……每天看著那些豆製品順利做出來，真的很有成就感。

我在這住了三晚，做了三天豆腐工人，才知道豆干、豆皮、豆漿用的原料都是黃豆，突然間大開眼界。也了解它們本質雖然都是黃豆，但是一些小小的調整或是變化，卻可以帶來這麼多的可能性，創造出這麼多特色菜餚，真是太神奇的發明了！

▲ 豆腐製作過程：1. 將黃豆泡水 10 小時。2. 把泡好發白的黃豆打成豆漿。3. 用鍋子煮滾後，多煮 10～20 分鐘（用濾布過濾就是豆漿）。4. 等降溫再取另一個鍋子加入熟石膏，放著等待凝結，然後準備豆腐模子，把用來過濾的布鋪好，倒進去剛剛的豆腐花。5. 等水差不多瀝乾，開始壓重物，裡面稍微有一些水就變成豆腐了（如果完全壓乾就變豆干）。

太陽的後役
@taiyang30

👍 讚　🔊 追蹤　💬 推薦　…　　　觀賞影片　　💬 發送訊息

這一定要來回顧一下。前前後後總共跑了四趟，每次都等至少 3 個小時以上，歷經千辛萬苦，終於在沒人會講英文的阿根廷里約辦事處，拿到傳說中還沒有人辦成功過的阿根廷簽證了！

 # 天天下午茶好幸福

雪珍是個很照顧人的姐姐，他們這邊的人好像都習慣吃下午茶，第一天到有下午茶，每天跟出去送豆腐，潘大哥他們帶我去附近景點逛，也是到點就來個下午茶配咖啡，無論蛋糕、蘋果派、瑪芬都好好吃，而且點起司蛋糕還送火腿起司，真的很不得了，印象超深刻！

 # 吸人眼球的教堂

哥多華是個典型城市，比較吸引我眼球的，就是一些教堂和藝文中心。跟雪珍逛市集，發現這邊食物還是比巴西貴，包裝卻沒有巴西用心。我們開車到卡洛斯帕茲（Villa Carlos Paz），走山路到著名的聯邦廣場（La Plaza Federal），阿根廷的最中心帶，裡面有各省分的省旗，還有大大的聖羅克湖（Lago San Roque），很漂亮，很悠哉，很度假，很喜歡這樣的氣氛，可以號稱「阿根廷日月潭」。

乾杯～葡萄酒再來一杯

揮別好客的叔叔阿姨一家人，希望他們一切順利，健康平安。再度坐上客運，這一站來到門多薩（Mendoza）。

門多薩是著名的酒鄉，也是阿根廷葡萄酒主要產區，產量占全國 70% 以上，來到這裡的旅客都免不了要喝上一杯。其中最知名的紅酒品種就是馬爾貝克（Malbec），這個酒酸度適中，帶有甜熟漿果的氣味，口感圓潤均衡，適合搭配偏瘦的紅肉或氣味濃烈的起司。

馬爾貝克原產於法國西南部，是需要較多日照及溫度才能完全熟成的葡萄品種，而門多薩區日照時間長，旁邊是高度超過 7000 公尺的安地斯山，離大西洋也很遠，被隔離成一個乾燥炎熱的區域，而且因為海拔相當高，成了高溫差的極端氣候，坐

擁獨特的自然條件，靠著高山融雪竟然灌溉成了綠洲般的葡萄園。

通常葡萄酒莊都有導覽活動，免費和付費的都有，
最好可以在網路事先查詢活動的時間

　　酒莊的導覽內容包括葡萄樹的種植、葡萄酒的製作及發酵過程，以及最後大家最期待的試飲活動都有。葡萄酒的製作過程可簡單分成：❶葡萄收成 → ❷沖洗葡萄 → ❸碾碎榨汁 → ❹加糖發酵 → ❺過濾 → ❻裝桶熟成（增加風味），最後只要再過濾裝瓶就完成了。

　　很幸運的，有朋友在葡萄酒莊工作，他邀請我來這做志工，跟他一起為參觀來賓導覽。對我來說這是個新挑戰，因為平常我都只是在喝葡萄酒，這次輪到我要來幫忙導覽，感覺任務十分艱鉅。可是一想到工作地點是現在的新趨勢——有機葡萄酒莊，強調不加任何化學原料，用與大自然共生的方式讓葡萄成熟，全阿根

廷也才 50 幾家而已，是非常寶貴的工作機會，於是硬著頭皮上場也要體驗一下。

往往工作就是這樣，雖然一開始很困難，
當你不斷的反覆練習，再困難的工作也能得心應手

我主要負責介紹葡萄園裡的葡萄樹和各種生態設計，因為這個酒莊主打有機葡萄酒，為了預防動物對葡萄樹的傷害或是食用，園內會再種植其他更多汁的水果專門給鳥類食用，讓牠們吃飽就不會再來危害葡萄樹。此外，藉地利之便，這裡的水源天然純淨，來自安地斯山脈的天然泉水就是最好的補給。

 太陽的後役
@taiyang30

👍 讚　　📶 追蹤　　💬 推薦　…　　　　　　觀賞影片　　💬 發送訊息

櫻 花耶！好美的一樹粉櫻，而且家家戶戶有綠蔭，感覺很舒服，很休憩。走在市區，發現門多薩城市綠化做得很好，市中心就有五大公園，坐落在東南西北中，一整個很棒的氛圍。

沙發主人住超級豪宅

哇！沙發衝浪居然衝進去豪宅了，實在太幸運！那個廚房超大，設備超齊全，真的讓人會很喜歡做菜；客廳也是布置得很有味道。我還有自己的房間，房東 Julio 英文也很好，太讚了！哈哈哈，聊得很開心，聊到我都不想出門了。（説是這麼説啦，最後還是跟 Julio 借了腳踏車，以公園認路，到處騎著玩。後來聽説原來腳踏車還可以上火車喔～）

紋繪屬於你自己的故事

以前我們常說刺青是道上兄弟才會做的事情，所以小時候跟父母說要刺青總是換來一頓責罵，但是長大後發現刺青是凸顯個人風格的一種表現，是你的個性或心靈的寄託，更是你的品味。

在國外很多外國人身上
都有一件毛衣是脫不掉的，
它就是「刺青」

沒有那麼多的刺龍刺鳳，有的可能就是用一個字勉勵自己，有的繪上他親愛的事物，有的紋樣呈現可能是他的人生，將自己愛的、恨的、惋惜的、夢想的，都在肉體上利用刺青表達出來，那裡頭有許多的故事，所以每次一有機會看到他們的刺青，我都會趁機挖出他們身上刺青的由來，真的很有意思。

過去我都是只能跟有刺青的人聊天，聽他們分享自己的故事，想不到這回居然在路上認識一位刺青師，而且他還讓我在他的刺青店裡面工作，遇到超級酷的客人，整個過程刺激又好玩。這種第一次體驗真是太帥了！

從圖案設計到之後的刺青是有分階段的，層層工序，即使一個小小圖案也要花上 3 小時

一開始要先刮掉刺青部位的毛髮，把預先設計好的圖案轉印上去，再用刺青機器進行紋繪。完成後擦上刺青的保養品（或凡士林），用保鮮膜包起來以免感染，之後等到刺青部位結痂脫皮就大功告成了。

刺青是一門藝術，所謂畫皮之美，也是一項專業技藝。尤其刺青過程中，除了客人要保持專注之外，刺青師更是一點都不能分心，哪怕只是多那一個點或是一撇，都可能會使他原本的設計出差錯。

不過我想南美洲人的熱情是永遠澆不熄的，就算做著需要保持強大專注力的刺青工作，他們還是一如既往的唱歌，喝酒狂歡，旁邊擔任助手的我一直很擔心會不會有問題，結果出來的作品還是一樣令人驚豔。

太陽的後役
@taiyang30

👍 讚　📶 追蹤　💬 推薦　…　　　觀賞影片　　💬 發送訊息

　　發現腳踏車也可以上火車，我二話不說，立刻連人帶車搭了上去。

　　只要台幣 12 元，就能讓屁股不開花，還可以跑更遠，不坐上去豈不是傻嗎？ Yay ～腳踏車＋火車天下無敵！

 # 門多薩的省旗旗幟

阿根廷門多薩省旗幟圖案在黑夜中亮起，看起來就是一副日照充足、富饒豐收的氣象。

 # 小小心意，謝謝招待

晚上把帶來的紅包送給沙發主人 Julio，隔天特地早起煮番茄蛋麵給他吃，自己也順便補充營養。再會了～謝謝 Julio 的招待！

【小記】接下來太陽會先跨到智利繼續「太陽的後役」志工行腳,旅程中幾度來回智利和阿根廷,但因工作記錄是以國家順序書寫,所以軌跡會有些跳躍。

 # 穿越雪地大冒險

告別 Julio,搭巴士穿越安地斯山脈,前往智利聖地牙哥(Santiago),沿途景致超漂亮,一路向上,景色一直在變,荒野、紅岩、白雪山,真是太美了!最後還來個無敵彎曲道路,讓原本打算睡一路的我,撐著不睡覺也不願意錯過。(邊境在雪山上面,超酷的!不過智利邊界檢查很嚴,水果真的都不能帶,還好之前都送給雪珍,不然全部被丟掉就要哭哭了)

搭便車搭到好心牧師家去了

開車時，如果半路遇到有人要搭便車，彼此語言還不通，你願意載他，帶他回家住嗎？

這個司機是個牧師。印象深刻的那一天，搭便車搭到半路，附近什麼建築物也沒有，就只有風塵滾滾的黃沙……不知道被幾輛車子拒絕，等了快2個小時，終於遠方有一台車子打閃燈接我上車，他就是牧師 Rafa。

Rafa 不會說英文，我那時候也才剛在學西文，比手畫腳成為了我們彼此溝通的工具，但是他人很好，會放慢說話速度用簡單的西文跟我聊天。他這趟是去看兒子的，原本昨天就要回家，但後來多留了一天，想不到就在回程路上遇到我。

他說我們的相遇是上帝的旨意，說完就帶我一起禱告。一句一句跟著唸，全是西文禱告詞，我其實唸得霧煞煞，但我知道他是個好人，所以一路上我們聊了很多，車程整整 5 小時，完全沒冷場。

**牧師知道我的志工計畫，
就邀請我去住他家，
然後到教會幫忙，我也很開心的說好**

　　來到阿根廷的教會，氣氛不錯，唱歌很
有 fu，但是講道用西班牙文，我完全聽不懂，只能用心去感受。

　　不過大家都很熱情的歡迎我，祝福我有個順利的旅程，真的太溫馨
了。在教會學到的西文就是「Yo soy libre.（我自由了）」，無論我是不是
基督徒，他們總是以誠心來跟我相處，所以我也盡力去幫助他們。

　　我在這裡做教會水泥工，每天要扛一袋 50 公斤重的水泥協助重建工
程。老實說那真不是普通的重，不知道是不是阿根廷牛排吃太少（哈哈），
還是有變瘦的關係，我總是要很吃力才能扛起來，相較於旁邊的阿根廷同
事個個氣壯如牛，感覺自己實在遜色太多。

這像電影一般的情節
竟然發生在我身上，
真的太幸運了，
真心感謝一路上照顧我的人！

　　回想那幾天的經歷，想不到會有好心
司機在順道載我之餘，還把我帶回家住了
四天，不僅照顧我每日三餐，吃好喝好（阿
根廷牛排和紅酒），小羔羊 BBQ 更是美

味得令人讚不絕口。而且親切的牧師娘，Rafa 的老婆，還幫我把破掉的褲子全部縫好；小孩去哪玩也都帶著我，帶我去釣魚、看企鵝，還為我多取了一個名字「Capo」……。謝謝大家！我會想念你們的。

◀ ▲ 好感動！做過裁縫的牧師娘把我的破褲子都補好了，離開時甚至幫我燙好，送我紀念品。小孩還畫圖送給我，真的很貼心，太可愛了！

 太陽的後役
@taiyang30

👍 讚　📶 追蹤　💬 推薦　⋯　｜　▶ 觀賞影片　｜　◉ 發送訊息

第 一次進出智利，大約待了 24 天，那段時間發生了哪些事，後面我
們再來好好聊。我和牧師 Rafa 的相遇，是在決定搭便車往南部推
進的第一段。在這之前，走高山叢林路線穿越邊境，回到阿根廷，先後在
巴里洛切（San Carlos de Bariloche）和馬德林港（Puerto Madryn）短暫停留。

巴里洛切 - 充滿巧克力的城市

巴里洛切是個漂亮的城市，
有「小瑞士」之稱，這邊有
好多巧克力讓你吃到爽，大
雪山＋大湖泊＋大森林＋大
帥哥＝無敵！我在這裡參加
阿根廷全國沙發客大會，蒐
集了很多資訊，也試吃了一
堆巧克力（難怪阿根廷小孩
的畢業旅行或是遠足都喜歡
來這）。爬完山，搭便車回
去路上還有人送我好多巧克

力吃，太讚了！後來我把巧克力融化抹在吐司上面，加上香蕉，變成一道非常棒的甜點唷～

 # 世界上最好的飯店

這個是我長這麼大看到最厲害的飯店，前面是大雪山、大片的草原、翠綠的森林、寧靜的湖泊，矗立在山頂上，有著古老的歷史、懷舊的裝潢，各國總統來這都一定要住的飯店……噹噹噹，那就是 llao llao hotel（西文叫瀟瀟飯店）！目前的我只能在裡面點瓶可樂喝，過過乾癮。哈哈。

馬德林港 - 動物奇觀的一天

麥哲倫企鵝耶～哈哈，好呆萌唷！這個城市好酷，有各種野生動物：海獅、海象、駱馬、殺人鯨，還有大鯨魚，看到大鯨魚噴氣、翻尾巴的時候，真的覺得世界真奇妙。（這是個跟巴里洛切有得比的觀光城市，提供很詳細的旅遊資訊，價錢也都是公定價，不過租車超貴，一天要台幣 3000 元，我的策略是待在租車店門口找人搭訕一起租，想不到真的成功加入法國 4 人組，太開心了！只不過在車上要改成講法文就是了，哈哈哈，太喜歡公路旅行了～）

自然原始食物也能讓你一口接一口

　　查爾騰鎮（El Chaltén），它擁有宛如明信片般的美景，也是登山露營者的天堂。國家公園內有多條不同難易度的健行步道，交錯在美麗的綠色世界之中，還有許多鳥類棲息於此，運氣好可以看到禿鷹在頭頂上的天空翱翔。這裡有著巴塔哥尼亞（Patagonia）典型的高原氣候，每日天氣變化很大，風速強勁，可能早上還是大晴天，過一個小時後就轉為多雲。

　　為了看藍色冰河，還有被當地原住民稱為「冒煙的山（Chaltén）」的菲茨羅伊峰（Fitz Roy），辛苦換搭 6 趟便車，坐了 11 個小時，終於來到查爾騰鎮。不過這一段也是辛苦我的沙發主人了，在這邊沙發客不好找，很幸運的 Yolica 願意收留我，但我不知道搭便車會不會順利，所以就事前知會他，讓他多等了我一段時間，真的很感激。

我在查爾騰鎮的工作也是透過沙發主人引介，
在他朋友開的天然素食餐廳做志工

自從到了這個健行者的天堂，我就開始我的健行者以及天然餐廳志工的生活，一切都跟大自然為伍。

這家巴塔哥尼亞唯一的天然素食餐廳，開在以牛排或羊排為主要食物的阿根廷南部（或是智利南部），本來就是個不簡單的事業了，更不用說店內餐飲都是用有機和天然取得的食材烹調製作。老闆是個阿根廷女孩，因為知道素食所帶來的健康和均衡性，她就努力推廣，讓原本的素食餐點更加升級，所以使用的全都是有機的本地天然食材。

來查爾騰鎮的旅客大多都喜歡健行，還有野外露營，這裡隨便一段路來回也要花上 10 小時，一旦成功登頂，親眼見到著名的安地斯山脈以及高山藍通通的湖泊，都會覺得再累也值得。而這家餐廳所採取的行銷策

略，就是跟健行者宣導天然素食的重要性：

「健行前，好的天然食物能讓你精神活力滿滿，準備好挑戰數 10 公里山路；健行後，好的天然食物能讓你疲憊的身體得到大大的能量補給，做好第二天再出發的準備。相信這樣健康天然的食物不只讓你身體得到滿足，好吃的食物也讓你吃得開心，心裡更快樂。」

由於策略成功，使得這家天然素食餐廳很容易就被接受，也很快的在這個市場打開了名號

其實現在素食餐點的多樣化，已經發展得很精緻，各國素食都有可以學習的特點。素食的飲品、素食的糕點、素食的餐點，融入各國特色，提供多樣選擇給客人，讓健行者來到這裡可以真正的放鬆，無論內在或外在都能與自然融和。

在我看來這家巴塔哥尼亞最特別的一個餐廳，它不單單只是提供素食餐飲，還倡導一種取自於自然的概念，把平常的食材做成創意料理（像是用黑豆泥做成漢堡），搭配查爾騰鎮的自然風光，真的是太棒了！

 太陽的後役
@taiyang30

👍 讚　📶 追蹤　💬 推薦　…　　　　　觀賞影片　　💬 發送訊息

搭 便車到查爾騰鎮真不容易，在風沙下等車，滋味不是普通難受，但想到有藍色冰河、會冒煙的山在等我，不管怎樣，一段一段移動，總是會到的。而來到這裡一定要做的當然就是爬山健行囉！

吃冰都能吃出甜味

藍色冰河到了！爬山 30 公里，整整走 12 個小時，到達後忍不住就直接吃了冰河的冰，那滋味是多麼的甜美，甜到都快哭了～太感動了。

 # 只要前進就會抵達

挑戰最高難度的菲茨羅伊峰！（Yay！我成功征服了！）不同角度，不同的視野，10公里路程快門一直按不停，實在太漂亮、太壯觀了啦！尤其爬到山頂才知道什麼是一切都值得，眼前宛如仙境一般～那個視野，那個美景，那個潔淨，那個寶藍，真的讓人久久無法放下相機。超讚！

當冰河店長的生活

埃爾卡拉法特（El Calafate）號稱冰川之都，Calafate 這個字源於附近盛產的一種同名深藍色果實，這邊最有名的就是冰川國家公園（Los Glaciares National Park），吸引著全世界的旅客，而莫雷諾冰川（Glaciar Perito Monero）就是巴塔哥尼亞的最佳代言人。

冰川公園由 356 個冰川結集而成，現今仍每天向前推進 2 公尺。這個冰河真的太壯觀了，6 公里寬的大冰河就在眼前，長到兩隻眼睛裝不下的大，需要轉頭從左邊看到右邊，再從右邊掃到左邊，更神奇的是，除了視覺上的享受，耳朵也不讓你閒著。

**正當我們在讚嘆冰河的巨大時，
冰河被河水擠壓而崩落，產生巨大的聲響，
這個就是所謂的冰河在唱歌**

　　清脆的冰河塊爆裂聲更讓人驚心動魄，就像打雷一樣，那種震撼無法只是用文字形容。每當有崩落聲響起，就會不自覺放眼找尋是哪裡的冰塊崩落，壯觀場面令人終身難忘。當你目睹這一幕，真的可以感到自己的渺小，還有體會當螞蟻掉落在你碗裡剉冰時候那種視野。

　　巴塔哥尼亞一路南下，沿途經過幾個國家，每個城市都有著自己的特色，我想我會在阿根廷的標誌上寫上個「WOW」，因為這裡的壯觀景色讓我不知道怎麼形容心裡的感動，就是會一直 WOW ～下去。

著名的觀光景點當然少不了紀念品店，
幫房東規劃拓展亞洲客戶也是回饋

　　我的沙發主人 Eduardo 是一家紀念品店的老闆，他每天都是忙到晚上8 點才回家，真的是超級忙碌。我想說如果要管理商店的話，自己應該也

能做點貢獻，所以為了回饋房東的招待，我就去他的商店裡面幫忙，給他商品上架的建議。

　　除了提出「我如果是顧客……」的經驗，協助調整上架商品擺設，最重要的一點就是拓展亞洲客戶，因此我就跟 Eduardo 一起設計了一個亞洲客的專屬優惠活動，讓整個銷售過程不再是那麼單一，變成雙方互動的過程。想不到我還真的成功賣出小精靈掛鉤給一對中國情侶呢！

幫忙也要幫到位！有了前台的銷售改善後，後台的倉儲管理同樣不能忽視

　　我用 EXCEL 寫程式控管存貨，並且配合報表和金額，將整個帳務管理也交代得一清二楚，讓紀念品店的經營轉為比較自動化，每天關店後可以確保倉儲的存貨比對以及當日業績狀況，也可以清楚了解過去與未來的對比，算是把我以前的經驗和能力好好的在這裡有個發揮。

　　Yay！我是全能小幫手。

太陽的後役
@taiyang30

👍 讚　🔔 追蹤　💬 推薦　…　　　　觀賞影片　　💬 發送訊息

傳說中寶藍色的冰河公園，怎麼看都看不膩。第一眼看到冰川公園只能用劉姥姥逛大觀園的感覺去形容，覺得自己真的很渺小，大自然的鬼斧神工實在太厲害了！

香蕉冰河演唱會

聽冰河唱歌，那種震撼真的是印象深刻。一路帶著香蕉上來，就是為了好好聆聽這場演奏會而準備的下午茶，就叫它「香蕉冰河演唱會」吧。

【小記】觀賞冰川全景時竟然開始下雪了，好酷唷！下雪看冰川，只能説冷到挫賽（哈哈哈），不過我永遠記得一幕就是錄影中途看到一個大冰川就在我背後崩落，真是無敵壯觀，超讚的!!!

 # 會折氣球是個很好的才藝

房東 Eduardo 看我折很多動物造型氣球給他女兒玩，就跟我説：「走吧～我請你吃烤肉吃到飽。」哈哈哈，以前學的果真沒有白費啊！我已經好久沒有吃到肉，太感動了～

主動出擊幫司機按摩搭便車

有沒有想過新的可能性？一路上看到很多打工換宿或是打工換食，就是沒看到有人打工換便車，總

覺得還是有這樣可能性的我，決心要來設定這個挑戰。再加上準備前往世界最盡頭的城市，也會路過傳說中的巴塔哥尼亞高原，就想說要一路打工換搭便車到世界的盡頭。

我計畫到處跟各個司機說我可以在路上陪他聊天、按摩、倒茶，督促他不要睡覺，甚至提供幫開車的服務，希望他們順路就載我一程。3000公里的距離，一路打工換便車到世界最南！不知道會花多久時間，但是我知道自己一定會成功，祝我好運～

拿著目標牌子，站在光天化日之下等搭便車，巴塔哥尼亞的風沙猛烈得連人都快被吹倒

2016/11/4，以馬德林港為起點，展開打工換便車到世界最南的計畫。

風勢強勁，沙塵滾滾，感覺這裡越往南邊越像沙漠。頂著強風，手拿著在客運站畫好的牌子等候有緣人，雖然時間一分一秒過去，很多車開過不載我，還嘲笑我，也儘管語言不通都用比的，但還是有些成果。

【第一輪戰況】

早上 7 點起床等搭便車，換搭 4 台車，在風沙下等車 3 小時，開車 13 小時，成功前進 1000 公里。想不到最後一位司機邀請我去住他家。

▶第一位司機：阿根廷人，電子工程師，會英文，等待時間 1 小時，前進 1.5 小時。他說他也搭過便車，所以在路上遇到外國人都會停車，真是好人，讓我有個好的開始。

▶第二位司機：玻利維亞人，外派工程師，只會西文，等待時間 30 分鐘，前進 5 小時。他車窗壞了搖不下來，熱到邊開車邊開關車門搧風。

▶第三位司機：2 位阿根廷人，嬉皮電子音樂人，只會西文，等待時間 30 分鐘，前進 1.5 小時。他們在車上一直瘋狂唱歌，我也跟著嗨，剛開始以為遇到壞人，但他們其實只是很活潑的阿根廷人。

round
1

▶第四位司機：阿根廷人，牧師，只會西文，等待時間 90 分鐘，前進 5 小時。超級風塵僕僕，被風沙一直吹打，牧師在車上一直跟我說上帝的重要性，還說遇到我也是上帝安排，一邊開車一邊教我用西文禱告，最後甚至邀請我去住他家。（請參見〈16. 搭便車搭到好心牧師家去了〉）

2016/11/8，從聖朱利安港再出發。謝謝牧師 Rafa 一家人的照顧，讓我有機會養好體力，儲備戰力，前進查爾騰鎮。

【第二輪戰況】

早上 7 點起床等搭便車，共換搭 6 台車，在風沙下等車 3 小時，開車坐了 11 小時，前進 800 公里。

▶第一位司機：阿根廷人，建材工人，只會西文，前進 1.5 小時。在工廠遇到的，人很好，大哥還請我吃麵包。

▶第二位司機：阿根廷人，卡車司機工人，只會西文，前進 3 小時。第一次坐上卡車，感覺還滿酷的。他要整整開八天才能完成他的工作，車上有床可以睡覺，還請我吃蘋果。

▶第三位司機：阿根廷人，只會西文，前進 2 小時，時速開 200 公里，真的是穿越極限。路上巧遇搭便車的法國情侶。

▶第四位司機：法國情侶，會英文，前進 2 小時。他們兩個是偷偷來阿根廷旅行約會，並且要我保守這個秘密。

▶第五位司機：阿根廷人，只會西文，前進 1.5 小時。他在農場工作，車上有許多狩獵的工具，準備晚上要去打獵駱馬。

▶第六位司機：美國夫妻，會英文，前進 1 小時。終於可以好好講英文分享故事，他們還很好心載我去房東家。

2016/11/17，從埃爾卡拉法特前往進入智利百內國家公園（Parque Nacional Torres del Paine）的門戶——納塔萊斯港（Puerto Natales）。

這是一段高難度搭便車大挑戰，因為要首度嘗試搭便車穿越阿根廷和智利邊境。想不到真的成功了！正巧遇到兩個西班牙人要去邊境換車，剛好可以載我一程，然後再由租車公司的人順便載我去智利，真的一切都太幸運！

2016/11/28，最後一次長途搭便車，是要穿越智利和阿根廷邊境，從蓬塔阿雷納斯（Punta Arenas）到烏斯懷亞（Ushuaia），這也是我搭便車以來最挑戰的一天。

在時速100公里的強風下攔車，我的牌子都被吹破了，還要搭便船穿越火地島。果然等了3個多小時，很幸運遇到剛好要去國境附近上班的

大哥，然後再換搭要去港口的貨車，最後也有便船讓我順利搭到對岸。歷經千辛萬苦，從早上9點等待，一直到晚上12點，總算成功抵達烏斯懷亞，這個世界盡頭的城市，讚啦！

我的巴塔哥尼亞打工換搭便車計畫，
從頭到尾都是靠便車在前進，完全超級大成功！

再會啦～巴塔哥尼亞不要為我哭泣！在將近一個月的日子裡，長短途共搭便車 20 次，搭便船 1 次，里程超過 3500 公里，省下台幣 15000 元交通費，終於來到了世界的盡頭，我的打工換便車計畫大成功 !!!

當初不知道是哪裡來的勇氣和主意，想說要試試看打工換便車，遊完整個巴塔哥尼亞到世界的盡頭烏斯懷亞當成一個挑戰，每次搭完便車就幫司機按摩、跟他聊天講故事、送他中文名字當禮物來答謝交換。

回想過程真的很波折，一路上就是不斷的等待、被嘲笑、被鼓勵、被強風吹，阿根廷和智利邊境不知道來回穿越了幾次……每一次被車上的駕駛拒絕，我總是會對自己說：「沒關係，下一台車就會載我了。」這真的要有強大的樂觀心與正能量，很幸運最後總是有人願意載我一程。

去了好多城市，體驗到巴塔哥尼亞的特色：冰川、強風、高山、荒野、風沙……很有成就感，也很開心自己真的完成了，感覺就像夢境一般的不真實，原來自己想做的一定都做得到，只要堅定信念不放棄，總是可以找到解決的方法。不錯唷，繼續加油，完成更多不可能的任務吧！

下一站，布宜諾斯艾利斯（Buenos Aires），我要用飛的過去～

太陽的後役
@taiyang30

👍 讚　🔊 追蹤　💬 推薦　⋯　　　觀賞影片　　💬 發送訊息

來到世界盡頭的城市要尋找的就是夢幻的工作：在南極船工作，這樣我就可以省下 6000 美金的船票 (台幣快 20 萬)，結果……因為我不會西文，計畫失敗，真是殘念。不過聽對方說我的背景和個性完全沒問題，哈哈哈。好吧，只好和南極企鵝多拍幾張照片做紀念～「不到長城非好漢，到過南極是英雄」，現在只能當太陽好漢，以後再來當太陽英雄。

 # 烏斯懷亞 - 世界盡頭 fin del mundo，世界最南邊的城市

烏斯懷亞位於火地島（Tierra del Fuego），這個島名是西班牙探險家麥哲倫為它取的。以前這裡是著名的監獄，現在已經轉型為觀光城市，也是展開南極旅程前的最後一個預備站。「風」是這裡的特色，來自南極的寒風團從西南方經比格爾海峽 (Beagle Channel)，以時速 15 km 至 100 km 吹向陸地。香港電影《春光乍洩》中，張震遙望紅色燈塔的寧靜城市就是烏斯懷亞，被高山海灣環抱，生活簡單，步調緩慢，像個隔世的美麗桃花源。這裡號稱世界的盡頭，所以有著世界盡頭的餐廳、燈塔、火車、郵局在等待著各位～

帶著導遊證，天下無敵都免費

看到一家主題博物館，設計得滿好，有點像蠟像館，不僅提供語音導覽，還可以互動拍照。門票要台幣 400 元，試著拿出導遊證，想不到真的派上用場，就這樣進去拍了好多照片，也對火地島的歷史多了一些認識。（後來發現一證在手，參觀所有貴鬆鬆的博物館都免費！）

 # 化身小獵犬號的船長還有達爾文

來到烏斯懷亞上不了南極船，也要體驗一下麥哲倫當年穿越比格爾海峽那段驚濤駭浪的海上航行。當天風浪非常大，航程包括海狗島、鳥島、麥哲倫和國王企鵝島，還有世界盡頭燈塔，看到的瞬間真的很感動，總算是圓了我的南極洋航海夢⋯⋯（出示導遊證，果然原價台幣 3000 元立刻折扣到 600 元。哈哈哈，有時候真的覺得自己很會阿撒不魯 XD）

當志工也需要一個大平台

　　阿根廷北部荒野和南部巴塔哥尼亞風景完全不一樣，搭便車路過蒂爾卡拉（Tilcara），在西北高原的烏瑪瓦卡（Humahuaca）以及普爾馬馬爾卡（Purmamarca）到處可見毛茸茸的仙人掌，還有因土壤肥沃度不同，經陽光照射出現七種顏色的變色山，使得北部的阿根廷也是同樣精彩。

　　一路來到北部重要城市薩爾塔（Salta），這裡有著名的殖民教堂，少數民族的傳統遺跡讓這個城市變得更有特色，而這些自然景觀結合民族文化的經典，也吸引了許多遊客紛紛慕名而來。

　　我的沙發主人 Janet 是個包租婆，人非常好，一直要帶我到處逛。第一天就去體驗當地酒吧（突然發現他們都會在家先吃飽，去到夜店或是餐廳看表演，就只喝啤酒來省錢）。

絢爛的服裝，加上動感的動作，
傳統舞蹈的表演在薩爾塔很受歡迎

　　看當地傳統舞蹈 Chacarera 表演，真的很令人享受其中，但可能因為我是台下唯一的亞洲臉孔，有觀眾大喊 Taiwan Dance，拱我上台跟對方尬舞，推不掉只好上去獻醜（獎品是水煙一壺）。好笑的是大家似乎都還滿捧場的，不斷吶喊 Taiwan、Taiwan，看來是該好好練習跳舞了。

　　我待在薩爾塔那幾天，正好阿根廷有名的 River 足球隊贏得阿根廷盃冠軍，整個阿根廷完全陷入了瘋狂模式，明明冠軍是在晚上十點宣布，直到半夜三點還有許多球迷在車上狂按喇叭，整個廣場球迷都在搖旗吶喊、放鞭炮，沒有一個人能全身而退，逃過慶祝模式。當然我也不例外。

一連幾天都在開趴，搞到很晚才休息，實在是有點嗨過頭了。我在阿根廷最後一個工作，是在公園散步遇到一對志工情侶，跟他們聊天認識後聊來的，簡單來說，要做的就是幫忙宣傳偏遠村落志工服務平台。

需要幫助，想要幫助，謀和兩方的需求，
志工服務平台的重要性不言而喻

這世界上有很多需要幫助的人，但其實也有很多想要幫助別人的人，只是他們不知道該從哪裡得到資訊，因此這對志工情侶想旅行全世界推廣這樣的志工機會。他們的生活很簡單，雖然過得並不優渥，有一餐沒一餐的，但是想到世界上需要幫助的人太多了，跟那些人相比，他們對目前生活條件已經很滿足，所以也就

過得很自得其樂。我跟著他們就是要把這樣的志工資訊推廣給其他旅客。

我們主要是在各個機構及公共區域（像是車站、Hostal、旅行社），或是人來人往的街道，張貼志工服務平台的資訊——也是辦了很多的活動來讓更多人參與——這樣的平台可以謀和兩方的需求，讓世界變得更好。

「這是一個大平台，大家有機會可以去貢獻一己之力，我們的口號是『我來幫助你去幫助別人』，請搜尋 Delamanoporelmundo。」

太陽的後役
@taiyang30

👍 讚　📶 追蹤　💬 推薦　…　　　　　觀賞影片　💬 發送訊息

布 宜諾斯艾利斯（Buenos Aires），阿根廷首都，這個小時候地理課最背不起來的名字，想不到有一天真的來到這造訪。有人說到 BA 一定要去看足球賽，既然無緣觀賽，球場一遊算不算？

 # 久違的家鄉味，台灣人尚讚 !!!

BA 的中國城，假日一大堆外國遊客，石獅和龍柱都是搶手的拍照點，對我來說最棒的是裡面一條台灣街，謝謝 Ichin、Jorge、Raymond 的照顧，滿滿的台灣美食：排骨飯、餛飩麵、牛肉麵、什錦炒飯、宮保雞丁、炒空心菜、水餃，還有阿根廷烤肉，讓我不知道吃多久番茄三明治的肚子得以回味家鄉味，重新充電再出發～

 # 傳說中世界第二美的書店，還有墓園……

阿根廷好友 Gege 帶我走了好多地方，除了足球、探戈之外，看到大家在劇院改裝成的書店裡面看書、喝咖啡，還有綴滿許多裝飾物、變成觀光景點的墓園，都讓我印象非常深刻。我們甚至跑去市區最高級的飯店見識有錢人的生活，這才知道原來在阿根廷 15 歲是他們很重要的成年，生日這天會特別重點慶祝，難怪小孩都是名牌在手，送的禮物也都很高級，真是大開眼界。

【小記】對了！來阿根廷一定要做的就是喝馬黛茶（Mate），阿根廷人把它當酒水在喝，喝得超瘋狂。朋友還說路上要搭便車，跟他說「我請您喝 Mate」就很容易坐上，不知道是不是真有效，哈哈。

 # 大城市的近郊走一回

跟 Gege 一起去他家農村住一晚。在拉普拉塔（La Plata）看到一個很漂亮的

教堂，有著世界最長的禮拜走道，還巧遇學生的畢業典禮，發現阿根廷大學生畢業慶祝的方式很特別，會拿一個牌子說他現在開始是醫生、律師、工程師……，然後站在路邊給家人、朋友和路人用雞蛋、啤酒、彩砲狂丟，慶祝他們新職業的開始。（哈哈，能夠畢業真的不簡單，所以要好好慶祝，把全身搞得很臭！）

 # 色彩繽紛的探戈小鎮

要離開 BA 了，趁著 4 天連假首都很多人都離開去觀光，趕緊把握時間探訪拉博卡（La Boca）。這邊真好玩，有漂亮的彩色屋，還到處看得到探戈秀，而且有一大堆紀念品店，逛都逛不完哪～

比 Yay！慶祝阿根廷 200 年獨立紀念

第一次坐上阿根廷火車，竟然開超慢時速（80km），跑得比大卡車都還要慢，整整坐了 26 個小時，意外來到阿根廷歷史重鎮圖庫曼（San Miguel de Tucumán），這裡是阿根廷烤餃子恩潘納達（Empanada）和米蘭內莎炸肉排（Milanesa）發源地，也是阿根廷簽署獨立宣言的地方，歷史地位非凡哪～不過有趣的是，我在這邊山上看到驢子還有比著 Yay 的耶穌，超好玩。（原來耶穌像的手勢有這麼多！）

阿根廷（Argentina）別為我哭泣～ Don't cry for me Argentina.
阿根廷人很熱情，見面就是親吻臉頰兩邊。國家福利太好，無論對公民或是外國人，公立學校、醫院都免費。一天作息是早上工作，下午 1～4 點店家休息睡午覺，晚餐 10～11 點才吃，然後又是派對。有許多歐洲國家的血統，所以在這旅行有點歐洲風味。這個國家讓我學習到打工換便車的新技能，這是個會讓人上癮的過程，永遠不知道是否有人會來接你，也不知道會跟接你的人發生什麼故事，我只知道好好抱持樂觀享受的心情去迎接每一次的際遇，這樣你我都可以搭便車遊世界。

城市

❶ Puerto Iguazú 伊瓜蘇港
❷ Santa Fe 聖塔菲
❸ Córdoba 哥多華
❹ Villa Carlos Paz 卡洛斯帕茲
❺ Mendoza 門多薩
❻ San Carlos de Bariloche 聖卡洛斯 - 德 - 巴里洛切（巴里洛切）
❼ Puerto Madryn 馬德林港
❽ Puerto San Julian 聖朱利安港
❾ El Chaltén 查爾騰鎮
❿ El Calafete 埃爾卡拉法特
⓫ Ushuaia 烏斯懷亞
⓬ Buenos Aires 布宜諾斯艾利斯
⓭ San Miguel de Tucumán 聖米格爾 - 德 - 圖庫曼（圖庫曼）
⓮ Salta 薩爾塔
⓯ Tilcara 蒂爾卡拉
⓰ Humahuaca 烏瑪瓦卡
⓱ Purmamarca 普爾馬馬爾卡

工作

城市土地規劃測量員
豆腐製作員／酒莊導覽員／刺青師助手
教會水泥工／天然食物餐廳員工
冰河紀念品店門市經營／打工換便車
偏遠村落志工服務平台宣傳

費用

阿根廷簽證	TWD	3500
住宿費	TWD	800
交通費	TWD	11000
食物費	TWD	2200
娛樂費	TWD	1400
門票費	TWD	2100
總計	**TWD**	**21000**

在復活節島過原始生活

　　復活節島（Isla de Pascua）的神秘竟然有機會透過志工方式一睹它的真面目?!自從在智利首都聖地牙哥聽沙發主人 Claudia 分享了復活節島的歷史和宛如天堂的美景，就讓我非常想要去試試看。復活節島是一個神秘的島嶼，島上最著名的就是摩埃石像（Moai），這些巨石像的古老傳說是吸引全世界遊客到來的經典。

　　我們通常要飛復活節島有三個地方可以選擇，分別是智利的聖地牙哥、秘魯的利馬以及大溪地，其中以智利首都聖地牙哥出發的機票最便宜，來回機票價錢大約是在美金 450 左右，主要航空公司是 LATAM。

詢問朋友後發現訂機票還有一個小技巧，
那就是用西班牙文網頁訂票最省錢

如果開英文網頁訂票的話，價格會比西文版網頁貴上 10% ～ 20%。有些朋友會說他不懂西文，但現在翻譯軟體很多，用來了解西文版網頁內容很方便；或者同時打開英文和西文的網頁，比對各個欄位就知道要填入什麼訊息，仔細填寫就可以完成機票購買，非常便利。

另外，復活節島上的物資和消費會比智利本島來得貴，如果換算成台幣，番茄一公斤 200 元，租腳踏車一天 700 元，租車一天 2000 元，泡麵一包 100 元，畢竟它主要聯外方式就是航空，運送成本自然也會加上去，所以就有旅客會從本島扛食物過去，省一些花費。我當然也不例外。

出發時，我把後背包的衣物全都穿在身上，挪出空間塞入 1 包吐司＋2 顆高麗菜＋3 包義大利麵＋4 包濃湯包＋5 顆番茄＋6 顆洋蔥＋7 顆蘋果＋8 根香蕉，因為復活節島屬於智利的領土，像這樣扛食物上飛機是沒問題的，我準備就這樣在島上自給自足，努力存活 8 天。

原來幸運之神真的很眷顧我！
太陽的後役在復活節島上再度人品爆發

我一直想在復活節島嘗試做志工，想不到同航班乘客竟然說我可以去

幫忙做公園管理員，主要工作是協助確保旅客的資訊解決以及票務管理，非常有意思。更棒的是可以跟當地人真正面對面接觸。

在島上他們也教我如何種植、釣魚、飼養牲畜，完全就是靠自己的力量去生活，真的非常棒，讓我在這島上重新學習到新的技能。一般來說，旅客在復活節島大多停留 3 ～ 4 天，而我這次在島上待了 8 天，使我有更多時間與空間融入島民生活，這樣的機會也讓我可以用不同角度來看復活節島，以在地工作者的視角一窺覆在神秘面紗下的風貌。

旅行總是這麼的出乎意料，
總是在過程中探索出更多更多的可能性

我在島上一邊工作一邊玩，每天看日出、日落，發覺這裡的生活很簡單，很輕鬆，可以自給自足，或是靠觀光事業來謀生活。這種生活方式讓我喜歡到想探詢久待工作的可能性……我想，就是因為對許多可能的追求，使我更加認識自己，而幸運之神也常常在身邊，所以才一直很享受整個旅途中遇到的人事物吧。

太棒了，世界上還有這麼多奇妙的文化和地區等待著我們去留下足跡，而每完成一次見證，這些過程的感動與感激，就會成為我們下一次繼續探索的動力。朋友總說我像摩登原始人，可以去參加日本的黃金傳說……這一路上遇到太多的故事、神秘的摩埃文化、島上的朋友，讓我的復活節島之旅變得很有意義，這段旅程讓我真的重新復活。

陳明陽 2.0 誕生！加油，路還很長，太陽的後役～讓我們繼續走下去。

 太陽的後役
@taiyang30

👍 讚　📶 追蹤　💬 推薦　…

觀賞影片　　💬 發送訊息

昨天抵達復活節島，堅持不看市區的其他石像，就是要把我的第一眼留給這最厲害的 15 尊摩埃石像＋日出，不枉費早上 5 點半起床，搭了兩次便車，實在太感動！太厲害了 !!!

完美經典的一「日」

老天真的讓「太陽的後役」第 90 天超級有紀念性，除了剛好是國慶日之外，5 點半起床騎腳踏車，天黑得看不到路，還要被狗追，超冷超累，一路都在問自己為什麼不再去搭便車就好……不過騎了 2 個小時，終於讓我看到完整又超美的日出，一整個超級感動！除此之外最酷的是我被叫去當一日查票員，休息的時候跑去釣魚，中午就烤來吃，下午還要騎馬趕牛，完全自給自足體驗當地生活，最後用完美的日落收尾，太經典的一天了。

金害，只剩下一條褲子能穿了

就是這張飛躍摩埃石像的照片，讓我的第二件褲子也破了。（第一件褲子也是跳起來拍照時破掉的）但是跳拍真的好好玩，停不下來怎麼辦⋯⋯＞＜

跟太平洋那邊打招呼

來復活節島不只有摩埃石像，還有夢幻顏色的火山湖，這是我目前看到最漂亮的火山湖了，前方缺口剛好可以對著太平洋打招呼。當地好友看我一直跳躍拍照，也來湊一咖，我跟他說我褲子都跳破了，他說那就脫掉吧……（哈哈，這次我們要跳的不是海洋，而是火山湖!!!）

敲敲打打讓你有個溫暖的家

復活節島飛聖地牙哥的班機延遲，回到智利首都已經半夜三點了。上午就待在沙發主人 Claudia 那邊休息、洗衣服，下午去參加錯過兩次的城市散步，晚上則到芭樂哥雞排店吃雞排、喝珍奶，跟他分享在復活節島上的點滴（感覺在那裡當導遊真的有戲唱），然後順便道別，隔天我就要往下一站前進了。

瓦爾帕萊索（Valparaiso）距離聖地牙哥約 2 小時車程，這個城市名稱很有意思，在西語中 Val 是「去」，而 Paraiso 是「天堂」，連在一起的意思就是「去往天堂」。很美的名字，不是嗎？

2003 年舊城區被聯合國教科文組織列為世界文化遺產，並被國家命名為「智利的文化首都」。瓦爾帕萊索是個海港山城，也是智利重要的港口，很

多人會來這度假，或住在聖地牙哥安排一日遊。在舊城區蜿蜒小巷間穿梭，可以看到許多色彩繽紛的房子、階梯和豐富壁畫。（當然也有很多塗鴉）

瓦爾帕萊索的居民大多住在山丘上，但是都會把房子塗成各種顏色

為什麼呢？我聽說有三個原因，這裡是個大型港口，所以有很多漁夫，他們會把房子彩繪得跟船的顏色一樣；還有這邊的人很貧窮，顏色是他們心靈寄託的另一種體現；另外有一說是漁夫常常喝醉，怕認不得自己家在哪裡，乾脆就漆上顏色來辨別。

我在這裡的工作是在貧民窟幫忙修繕房屋，這個職務是我的沙發主人 Harry 提供的，因為他本身就是住在貧民窟的居民。聽他說住在貧民窟裡面，我想的不是取消住宿請求，而是希望了解他的期待。原來 Harry 是個認真的青年，雖然家住貧民窟，但是他的心不窮，很努力想要透過學習精進自己，脫離他原本的生活。

雖然他還有家庭和小孩要照顧，學習動力卻一點都沒有下降，反而週末還會去學校進修充實自己。他知道英文的重要性，就利用沙發衝浪的方式來練習英文，而且他人很好，還帶我去他們學校參觀。

　　由於 Harry 把他的積蓄都花在學費上，沒有額外的能力負擔他的飲食，所以他平常吃飯都是在學校解決，去學校的餐廳收些其他學生沒吃完的食物，然後就以那些食物為食。一開始看到真的很震驚，後來我卻覺得很感動，感動的點就在於他的男子氣概。

很多人在你面前都是笑笑的沒事，
其實在他的背後有很多故事

　　這種辛苦都是 Harry 一個人承擔下來，他的家人並不知道他吃別人剩下的，而他也清楚自己必須很刻苦，但是他都不會說他窮，讓我突然覺得他很 man，他的男子氣概也在這點體現出來，真的印象很深刻。所以我們不應該以貌取人，要和周遭每個人好好相處。

　　因為被他的男子氣概所感動，我就問 Harry 能不能幫到他們貧民窟，他說可以來幫忙修補房屋。他們的房子由於年久失修，有很多破洞，每逢

下雨或天氣寒冷的時候，屋內就會開始漏水，或是冷空氣一直跑進來，但是大家都沒有餘力正視這個問題。

　　真的很想要幫助他們，讓他一家人基本生活條件變好一些，所以我就幫忙出力。雖然晚上很冷、很暗，外面雨又下個不停，但只要想到他們的生活能因此變得更舒適，再多的付出也都是值得的。

當你相信別人的時候，
有時候你所得到的比預期收穫更多

　　原來一個簡單的修補或是小設計，比如做兩道窗，就能讓冷空氣比較不容易跑進來，真是非常實用的技巧。有了之前在巴西里約貧民窟的教學經驗，其實這次在貧民窟幫忙，我並不擔心，也相信願意像這樣分享自己故事的朋友，是值得信任和放心的。

　　工作之餘，我介紹了很多台灣文化和節日給 Harry 認識，他也教我西語。晚上屋裡真是冷到爆炸，不過有他們煮的義大利麵溫暖我的身心，希望明天好天氣可以出去逛逛～

人氣柏青哥拚的是服務

在瓦爾帕萊索的房屋修補工作主要是在夜間進行，所以我就想說下午的空檔時間或許可以再去哪裡幫忙。

走在這個彩色城鎮的路上，還有個彩色機器吸引了我的目光，那就是柏青哥。想不到柏青哥在這裡如此盛行，因此我就走進去問能不能在店裡幫忙。結果運氣很好，華人老闆很喜歡我的想法，願意提供機會讓我體驗在柏青哥店工作。

智利「柏青哥」真是讓我大開眼界，
這邊拚的是服務，
他根本就是服務業最新代言人

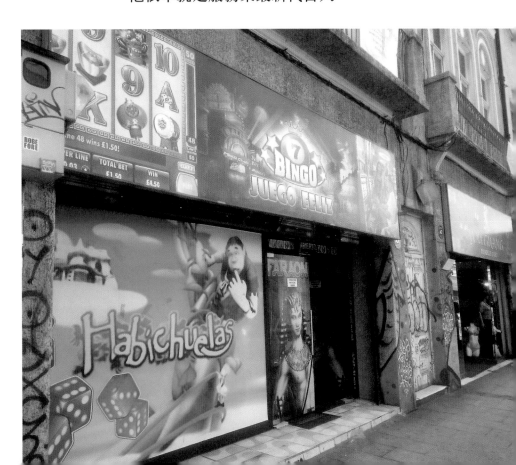

大家都知道柏青哥（或是賭博）
是個莊家稱王的行業，十賭九輸，
不只老闆知道，客人自己也很清楚。
但為什麼還是有很多人願意來打柏
青哥呢？原因就是心情和感覺，只
要他們在這裡感到舒適，來打柏青
哥覺得很放鬆，當這樣的感覺是他們最後離開店裡的最後一個感覺，而不
是輸錢的滋味，下次他們再上門的機會就非常高。

　　這邊柏青哥店本身也很競爭，為了招攬客戶上門，有提供免費飲料和
餅乾、糖果，晚餐有時候還會端出三明治，讓客戶感覺這裡就像他的家一
樣，他不用回家也可以在這吃飽喝足，並且玩得開心。

　　最特別的是每晚 8 點店內會舉行現金摸彩活動，最高獎金有台幣
1500 元，真的太厲害了，而且還是給現金，就是要讓你常常來光顧，樂
不思蜀。更別說母親節和新年也都有禮物，算是讓我徹底長見識了，畢竟
打柏青哥十賭九輸，把客戶服務好，讓他高興就會一直來，真是高招啊！

**這樣的服務業對我來說是一大啟發，
我家就是你家，好的柏青哥店真正是足感心ㄟ**

確實，好的服務業真的就是會滿足客人需求，讓他們知道有我們（這家店和店員）的存在，他幾乎可以在這解決他生活周遭的問題，所以我在店裡也要常陪客人聊天，探聽他們來打柏青哥的原因——有可能是想賺錢，有可能是無聊打發時間，也有可能是剛失戀，或者家庭、事業出了狀況……

　　如果真的知道他們來這邊的原因，店員還有權力把客人輸的錢再退給他，讓他們回去再次好好振作，我喜歡的就是這樣背後的故事有給人家再一次機會的可能性。

　　其實當初為什麼會選上這家柏青哥店，原因就是店家會把所得 10% 回饋給 Harry 住的貧民窟社區，透過這種方式取之於社會用之於社會（也算是某方面的劫富濟貧），我覺得滿有意義的，所以就成為柏青哥店的一員了。

太陽的後役
@taiyang30

讚　追蹤　推薦　…

觀賞影片　發送訊息

這個智利的文化首都，路上毛小孩也太多太肥了吧。一個人走在彎曲的小路還要提防受到狗狗的攻擊，對怕狗人士來說實在太考驗了。還好有順利坐上公車，這樣欣賞沿路壁畫就安全多了。

瓦爾帕萊索是個迷宮

偷閒參加了城市散步，感覺就像是在走迷宮，大家就在那轉轉轉，還一直上上下下，真的很難摸透。階梯，階梯，還是階梯……＞＜

 # 臨別一瞥

不只是山城，還有海港；有世界文化遺產的舊城區，也有鄰近港口的高樓新城。
仔細看高層圍牆居然還有漂亮的壁畫，真不愧是文化首都～

別人的小孩比較好玩

瓦爾迪維亞（Valdivia）是智利南邊一個殖民港口城市，城內有多條河流穿過，較著名的兩條分別是瓦爾迪維亞河和卡耶卡耶河，讓這個「水城」感覺就像智利的威尼斯。

這裡有許多德國移民，到處看得到德式建築，但最吸引我眼球的就是那個魚市場。它不是普通市場，而是魚販與動物共生的市場；這些動物也不是一般的動物，而是像海獅、海狗、送子鳥這類型動物在魚市場裡面。處理魚貨過程中，魚販會把不要的海鮮或魚骨頭往後丟，後面的海獅、海狗、送子鳥就等著飽餐一頓。

　　除此之外，還有一個有趣的現象，很多海狗和海獅會在岸邊平台做日光浴，吸引眾多遊客的目光，這時野狗就會過來搭訕，因此常會看到狗與海狗的汪汪對話，真的很奇妙。魚市場旁邊還有一個綠色花園，吸收芬多精是放鬆最好的催化劑，裡面森林步道是家庭週末野餐的好選擇。

在深山裡面居然有這麼大一棟豪宅木屋，
對正在流浪的我來說，住到 15 坪房間可說是一種奢侈

　　這次工作地點是在距離魚市場半小時車程的派利亞科（Paillaco），老闆 Gary 特地開車過來載我，一開始還有點擔心他要載我去哪哩，結果來到一片偏遠的荒田，那邊看得到的就是森林，還有牲畜，整個非常的奔放。我到這邊是要幫忙做保母，照顧兩個小孩—— 2 歲的 Leon 和 1 歲的 Sophia。

　　看到他們的家讓我完全大開眼界，目測應該至少有 150 坪，光我的房間大概就有 15 坪，而且還有傭人幫忙打掃、洗衣服，真的讓我受寵若驚，更想要好好工作來回饋雇主對我的照顧。

　　其實照顧小孩不是件輕鬆的事情，你要對孩子有開放的心，你要有比他更多的能量去陪伴他探索這個世界，你要教導他語言（Gary 也是希望

我多對他的小孩說中文），陪他奔跑，陪他跌倒，從山坡上滾下來也是笑容滿面……

**讓小孩在田野中玩耍，弄髒也沒關係，要吃草也可以，
就要這樣，小孩子才會有童年，大自然就是最好的學校**

　　這是一種互相學習的過程，讓我能用更單純的角度去看待世界的變化，享受整個過程，以開放的心胸接受外來的刺激。我想很多時候我們就是因為長太大，變得更加痛苦，也變得更加辛苦，如果換個心態、換個角度，我們的臉上也能再次展現孩子般的笑容。度假模式 on ～

太陽的後役
@taiyang30

👍 讚　📶 追蹤　⭐ 推薦　…　　　觀賞影片　　💬 發送訊息

感覺就像來到世外桃源，這住得也太豪華了，跟門多薩那位大哥的豪宅有得比。一整片森林、田園，還有一整棟大木屋，實在太誇張，超猛！要不是 Gary 和他老婆開車帶我來，根本不知道有這樣的地方。兩個小孩很調皮，但是很可愛，在這裡做保母哥哥像在度假，我做了可樂雞和酪梨布丁牛奶給大家吃，他們很喜歡，還說下次也要做。我跟 Gary 很談得來，他是第一個沒問我台灣美食和節日的人，哈哈。雖然捨不得，但旅行還是要繼續，先補上前面記事，接下來要從巴拉斯港（Puerto Varas）離開智利，回阿根廷，下次再來挑戰百內！

世界上的媽媽都好偉大

瓦爾迪維亞的魚市場，人與動物共生的景象太有趣了，離開之前我又跑去看海獅，遇到一個魚販阿姨，她很可愛，因為她女兒的生日快到了，她知道女兒很喜歡亞洲，就收集所有亞洲人的生日快樂祝福影片準備送給女兒，哈哈，真是很用心的媽媽。

 # 快閃智利「小九寨溝」

瓦爾帕萊索到普孔（Pucon），搭夜車晃了 12 個小時，沒休息就直衝瀑布，眺望雪山 (其實那是個活火山，還會冒煙)，遇到西班牙女孩和長得有點像楊宗緯的墨西哥男孩，一起度過美好的一天。

 # 太陽的後役第 100 天了！

普孔往瓦爾迪維亞路上，途經特木科（Temuco），用沙發主人做的 sushi 慶祝流浪第 100 天。這個智利版壽司很特別，是先鋪白飯後放海苔片，把雞肉、乳酪包進去，再沾裹蛋汁和麵包粉下去煎，最後沾醬油吃，跟我們常吃的日式壽司很不一樣。

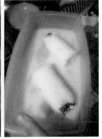

 # 我變成小黑人啦

巴拉斯港感覺有點像普孔，但是
生活步調更悠哉，同樣有國家公
園和瀑布，有漂亮湖景和雪山，
還有許多特色的飯店和民宿，有
一點日月潭的fu。藍藍的湖，藍
藍的天，兩顆白白的活火山，對
比之下我怎麼變得這麼黑……
（市區有很多建築物可以參觀，
這裡的德國建築很有設計感，也
很漂亮～）

【小記】下次回到智利，是在離開阿根廷埃爾卡拉法特，進行百內國家公園的
野外挑戰（參見 P.219），繼續搭便車到世界盡頭烏斯懷亞這段期間。

 # 南美洲原住民成年禮

穿著傳統服裝去除
惡靈，這是南美洲
南部很多原住民的
成年禮，從男孩變
成男人的重要階
段，現在我也是男
人嘍～哈哈。這趟
旅行教給我的另一
件事，就是讓我比
較不怕狗，經常半
夜在路上飽受狗狗
攻擊，久了也漸漸

免疫，所以完成百內的挑戰，來到蓬塔阿雷納斯（Punta Arenas），要突破
的是人生第一次遛狗，遛的還是傳說中的聖伯納犬（雪地裡脖子掛酒桶的救援
犬），牽著這麼大隻的狗，被其他狗狗攻擊我也不怕！

百內國家公園

| 太陽的後役 | 智利 36 天流浪超給力

智利（Chile）是個入境水果和食物查很嚴的國家，也是説西語，還有一大堆方言。只要你聽得懂智利人説的西語，你就可以聽懂全世界的西語。麵包種類很多，智利是全世界第二愛吃麵包的國家。智利紅酒真的名不虛傳，便宜又好喝，配牛肉吃更是一絕。我在智利學習到的新技能，就是完全沒花到住宿費，不是睡當地人家裡，就是在野外睡帳篷，睡覺方式真的是無限可能～

 城市

❶ Santiago 聖地牙哥
❷ Isla de Pascua 復活節島
❸ Valparaiso 瓦爾帕萊索
❹ Pucon 普孔
❺ Temuco 特木科
❻ Valdivia 瓦爾迪維亞
❼ Paillaco 派利亞科
❽ Puerto Varas 巴拉斯港
❾ Puerto Natales 納塔萊斯港
❿ Parque Nacional Torres del Paine
　 百內國家公園
⓫ Punta Arenas 蓬塔阿雷納斯
⓬ desierto de Atacam 阿塔卡馬沙漠

 工作

復活節島國家公園查票員
柏青哥門市經營
貧民窟房屋修補工
豪宅保母哥哥

費用

機票費	TWD	16800
食物費	TWD	1500
娛樂費	TWD	1000
總計		**TWD 19300**

原來聊天也能工作換吃住

玻利維亞法定首都為蘇克雷（Sucre），但是實質上行政首都是海拔將近4000公尺的拉巴斯（La Paz），這是世界上海拔最高的首都。拉巴斯在西班牙語意為「和平之城」，且因各種文化混合而有文化對比之都「City of Contrast」的美譽。

位於峽谷中心的拉巴斯，在1000公尺深的盆地中有著滿坑滿谷的房子，是一個景觀奇特的大都市。峽谷低處氣溫較高，周圍山壁能防高原寒風，是高級住宅區；山上是印第安人住宅區，因海拔高而空氣稀薄，令人很難適應，屬於拉巴斯的貧民窟。城市有纜車可以互通高低，非常方便，景色一絕。

資訊分享，走過會留下痕跡，
用心與各地旅人交流，拉近彼此間的距離

　　咖啡廳志工是我在玻利維亞獲得的第一份工作。

　　玻利維亞的經濟條件比較落後，工作機會本來就不好找，幸運的我，因沙發主人知道他朋友在拉巴斯開咖啡廳的親戚正在找志工，在了解我的計畫和旅行經驗後，希望我能扮演一個新的角色——咖啡廳聊天員，除了參與討論咖啡廳拓展策略之外，還希望我能提供來店喝咖啡的旅客一些旅遊資訊，包括之前去的國家城市資訊、心得以及費用部分，藉此來拉近與旅客間的距離。

　　這個咖啡廳的主要定位，就是要吸引來

拉巴斯觀光的旅客，希望讓他們除了可以在這裡放鬆休息，還能額外獲得需要的旅遊資訊，所以這並不是一個單純靜態的咖啡廳。老闆希望自己的咖啡廳可以像 Hostal 一樣，雖然店裡沒有提供住宿服務，但是與旅客的交流讓咖啡廳氣氛很活絡。

因為這個嶄新明確的目標，
這家咖啡廳的知名度很快就拓展開來

營業一個月就快速擠進首都拉巴斯前 10 名咖啡廳，在所處的區域人氣排名也來到第 2 名，這樣的成績真是對這家旅人咖啡廳最大的肯定。

來到這家咖啡廳工作，好處是隨時有網路、熱茶可用，我還可以住在頂樓加蓋的小房間──不過這個挺有挑戰性，因為是頂樓加蓋，熱水器的設置不是很安全，洗澡洗到一半會聽到波波聲，整個熱水器還會冒煙，像是壞掉一樣。由於怕會觸電，我還在浴室放了幾個磚頭，避免直接跟地板接觸，真的是要格外小心才行。

 太陽的後役
@taiyang30

👍 讚　🔊 追蹤　💬 推薦　⋯　　　　　觀賞影片　　💬 發送訊息

最　後一次穿越智利邊境，走的是沙漠路線。阿他加馬沙漠（Desierto
de Atacama），一個很偏遠的小鎮，放眼望去真是一片沙漠！感覺
就像上了火星，實在太有特色，所以先貼張圖，留到後面再跟天空之鏡的
雪白聖誕，以及亞馬遜跨年倒數好好介紹。在到拉巴斯之前，一路又快閃
了兩個城市：烏尤尼（Uyuni）和蘇克雷（Sucre）。

史上最特別的聖誕餐

哇！玻利維亞這個國
家實在是太讚了，物
價比台灣低不止一點
點，乾脆來鹽餐廳吃
個聖誕大餐──坐在
鹽椅子大啖鹽桌子上
的草泥馬肉，夠特別
吧。

脱掉脱掉，快快脱掉！

進來新的國家玻利維亞，準備在世界上最大鹽田過我的平安夜。烏尤尼的天空之鏡真是太漂亮了，一望無際的鹽田，超級白!!! 一切都很平安。被拱出來瘋狂表演脱掉戲碼，聽説有外國女生在遙遠的另一邊鹽田表演同樣戲碼，哈哈，我是台灣代表。（希望聖誕老人可以送我一條跟身體膚色一樣的四角褲，謝謝！）

 # 一塊錢玻幣購買力驚人

世界文化遺產「白色之城」蘇克雷，玻利維亞人眼中真正的首都，市內有很多18、19世紀殖民地建築。從高處俯瞰整個城市，沿著山坡建造的房子有著紅屋頂、白牆壁，整個看過去令人心胸開闊。傳統市場內充滿驚奇，好多當地特色食物超便宜，台幣5元可以買4根香蕉，台幣15元買碗雞湯麵，感覺我在這個國家可以生活好多年，真棒。

 # 來到蘇克雷一定要去恐龍公園！

恐龍公園正式名稱是「白堊紀公園（Parque Cretácico）」，這是全球最大的恐龍博物館，裡面有最長的恐龍化石以及最多的恐龍腳印，真是太神奇了！公園內放滿栩栩如生的恐龍模型，配合播放恐龍叫聲，令人宛如回到恐龍時代。很難想像生活在原始社會要跟恐龍抗戰，對老祖先們真的不得不佩服！

前進亞馬遜殺價有撇步

　　來到拉巴斯的另外一個工作機會就是旅遊團體驗員。

　　當地有一些旅行社需要人實際去參加旅行團，然後提供他們的感想和建議，無論是過程中的好或是壞，都會成為影響旅客參團意願的因素，所以如果有人能夠中立客觀的描述他參團所看到的一切，事後讓旅行社再去檢討改進，就可以讓整個旅行體驗變得更好。

　　我就是擔任這樣的工作角色。在拉巴斯的那段期間，我參加了玻利維亞首都兩個經典旅遊行程：女子摔角（Cholita Wrestling）、世界上最危險的公路腳踏車（Death Road Survival）。

綁兩條辮子、穿著蓬鬆裙子的
傳統印第安婦女
不只是裝扮有特色，居然還穿裙子摔角 ?!

首先介紹女子摔角部分，玻利維亞印第安婦女的傳統裝扮非常有特色，但更有特色的是她們就穿這樣在摔角。

　　一開始這樣的特點真的很吸引人，進到現場整個布置就像是野外摔角，有露天的格鬥台，而且進場就發給觀眾爆米花還有飲料，讓大家可以一邊吃喝聊天，一邊等摔角比賽開始。

　　女子摔角選手出場時也是掌聲如雷，因為她們的進場方式就像明星出場，選手本身載歌載舞不說，還搭配一些類似舞龍舞獅的表演，比賽還沒正式開始，全場氣氛就 high 到不行。

雖然是有點不太「精製」的女子摔角套路，但就是這樣的不「精製」才好笑

　　摔角比賽進行時，會播放動感的音樂，加上選手們的較量。關鍵就是在較量的過程。整個過程就像是 WWE 的美國摔角，打鬥招數都是事先套好的，不過她們的套路因為是傳統婦女的原因，讓觀眾更有興趣接著看下去──過程中她們會拉對手的辮子，或是用裙子蓋住對方的頭讓對方看不

到，還會跟台下觀眾互動，用他們的飲料或是爆米花來攻擊對手，甚至到最後連裁判也會加入戰局，幫著某一邊的選手攻擊她的對手。

像這種時候，通常觀眾都會站在裁判支持的另一邊，就是故意要跟官方唱反調，搞得大家都哭笑不得。表演到最後的尾聲，會有摔角選手站在舞台旁邊，大家可以跟她們拍照，比較搞笑的觀眾還會擺個配合的表情動作，感覺就好像是被毆打的模樣，真的好好玩，超爆笑的。

在死亡公路上挑戰極限運動，
我是破風追夢的查普人，卡打車～卡打車～

另外一個行程就是在世界上最危險的公路（world's most dangerous road）騎腳踏車，這條著名的死亡公路正式名稱為「永加斯路」（Camino a Los Yungas），也有人譯作「雲駕路」。

起始點是在雪山上面，從4000公尺的高山出發，高海拔加上氣候不佳，下雪讓視野整個霧濛濛的，就好比仙境一樣。大家在那邊聽完導遊指示，將安全裝備都穿戴好，就開始往山下一路滑行。途中也會遇到許多卡車，要特別小心，尤其是煞車部分，因為路旁就是懸崖，真的不能開玩笑，要小心確保自己的安全。

早上下雪，接著下雨，最後再來個大晴天，
到終點大家都是「Survivor（生存者）」

　　過了這個高雪山的挑戰，之後騎上大雨交加的石頭路。顛簸的石子路面會讓你騎到手抖發麻，之後還要迎戰大雨的攻擊，整個過程真的超刺激，不是簡單的騎行，而是一種挑戰與冒險。從早上一直到下午，將近5個小時的路程，考驗的是你的冒險精神和體力。

　　在路上真的是會有

一些旅伴因為小小失誤，整台車子倒翻了，所以要特別小心。如果有夥伴想要記錄整個過程，旅行社也會很貼心的安排攝影師在路旁捕捉你破風騎行的英姿，因此真的可以小心騎車，完成整個挑戰。沿途經歷下雪、下雨、大風、大霧，路上石子讓你抖到雙手麻痹，旁邊就是深不見底的懸崖，只要你可以征服，你就是玻利維亞的「Survivor」！

建立口碑行銷是最實在的推廣方式，旅行社老闆娘是我在玻利維亞的媽媽

參加完兩個旅遊行程，最後就是整理好參團心得，用中文書寫貼在旅行社，讓旅客知道這裡有提供這樣的出團行程。這個旅行社老闆娘人真的很好，她到最後還說要當我在玻利維亞的媽媽，照顧我的三餐以及後面旅程的一些交通。

有一次真的很感動，因為下雨讓我的鞋子都濕掉，我就改穿拖鞋出門，把鞋子掛起來晾曬，但是拉巴斯海拔有 4000 公尺，當時季節又是濕冷的氣候，外面氣溫很低，旅行社老闆娘不忍心看我穿拖鞋，就偷偷買了一雙鞋子送給我，真的就像是第二個媽媽，非常謝謝她。

太陽的後役
@taiyang30

👍 讚　📶 追蹤　📹 推薦　…　　　　觀賞影片　　💬 發送訊息

亞馬遜（Amazonia），我來了 !!! 忍不住還是先來一張。真是太滿意我的談判殺價功力了。朋友去講價亞馬遜行程，講了 10 家旅行社都報價台幣 7500 元，換我出馬講到第 3 家成功打 5 折，來回交通門票全包。感謝我媽從小就帶我去菜市場訓練跟阿姨阿嬤博感情，哈哈～有沒有哪間公司要請我去當超級業務？

世界上最詭異的監獄

超酷！拉巴斯聖佩德羅監獄（San Pedro Prison）號稱城市中的城市，牢飯不是吃免費的，被抓進去要付錢，所有吃穿用度也都要錢，更好玩的是還分等級，可按照經濟能力選擇自己要的，甚至提供付費 wifi！裡面也有選舉制度選出自己的老大，有實驗室製作純度很高的毒品賣給犯人，還可以在裡頭做生意。之前有個澳洲人被抓去關，弄了一個監獄參觀導覽，賺的還比之前多，可惜他被釋放後這個導覽就終結了，聽說他還很不願意被釋放，實在太妙了！

 # 鱷魚鱷魚，你的眼睛為什麼這麼亮？

坐了 15 小時夜車來到魯雷納瓦克（Rurrenabaque），進入亞馬遜雨林，歡迎我到來的是這隻大鱷魚。哈哈，好興奮，第一次離鱷魚這麼近，還有各種動物一一露臉跟我打招呼，水豚、猴子、烏龜、天堂鳥……聲勢最浩大的就是那群蚊子大軍。來亞馬遜過 2016 年最後一天，晚上滿天星斗＋滿樹的螢火蟲＋滿地發亮的鱷魚眼睛，閃亮亮一起倒數，太讚了！

 # 食人魚，人食魚

住在海邊的小孩怎麼能不釣魚來吃呢，只不過在亞馬遜釣起來的是食人魚～自給自足，晚上就變成我們的晚餐，也算是現撈的唷！

 # 機會命運好好玩

回到拉巴斯，煮親子丼請我的兩位老闆吃新年飯，原本想當媒婆幫咖啡廳和旅行社牽線合作，想不到旅行社老闆娘鳳心大悅，說之後我想參加什麼行程都免費，哈哈，真開心，當然要記上一筆囉～ XD

公車開到湖上去了

科帕卡瓦納（Copacabana）從拉巴斯坐車要 3.5 小時，中途還要下車換船過河，連公車也一起登船。這是一個充滿船的湖邊小鎮，位於的的喀喀湖畔，玻利維亞和秘魯的交界處。來這裡是為了去太陽島（Isla del Sol），後來亂走發現這似乎是個重要地方，大家只要買車就會帶著小型車子和花來這邊祈福，然後用啤酒澆花、澆車子，自己順便喝幾口，儀式非常酷。爬上制高點，看到一大堆十字架，還有人在那丟石頭祈福，原來這是個祈禱聖地。從這裡遠眺非常壯觀，雖然高海拔爬山很喘，但還好我有爬上來，看到眼前美景，太值得了！

|太陽的後役| **玻利維亞 20 天流浪超給力**

如果用一個字來形容玻利維亞（Bolivia），那就是「Survivor（生存者）」，因為這邊的旅遊行程都很刺激：半夜 3 點看日出、礦坑摸黑 3 小時之旅、死亡公路騎腳踏車、亞馬遜雨林冒險……哈哈。這是個物價很低的國家，平均一餐台幣 30 元就可以解決，還有很多飯可以吃（最多的就是烤雞炸雞飯）。在玻利維亞花費最多的就是旅遊參團費用，著名的天空之鏡白色鹽田差不多台幣 1600 元，亞馬遜雨林冒險也要台幣 7500 元起跳，不過正因為如此讓我學習到新的技能：跟旅行社談條件，幫忙他們翻譯和宣傳，讓我可以用半價參加天空之鏡和亞馬遜的旅行團，最後還加碼免費體驗死亡公路腳踏車行程及觀賞女子格鬥摔角表演。果然人在困境中就會逼迫你學習成長，讚啦！

城市

❶ Uyuni 烏尤尼
❷ Sucre 蘇克雷
❸ La Paz 拉巴斯
❹ Rurrenabaque 魯雷納瓦克
❺ Copacabana 科帕卡瓦納

工作

客制化咖啡廳聊天員
旅行社行程體驗員

費用

交通費	TWD	800
食物費	TWD	300
旅遊費	TWD	4300
住宿費	TWD	300
總計	**TWD**	**5700**

全世界的志工來讓地球更美好

位於秘魯南部的阿雷基帕（Arequipa），人口僅次於首都利馬，市內保存許多西班牙殖民時期的建築物。

這些以珍珠白火山石建成的美麗建築，使用石材多採自阿雷基帕周圍的火山（超過 70 座，許多都還是活火山），加上以前這裡由白皮膚的歐洲人統治，搭配西安地斯山白雪靄靄的山頭，因此也有「白城（La Ciudad Blanca）」的稱號。這種歷史斑駁感，更增添古城的氛圍，所以主要景點也都是在被列為世界遺產的古城區。

這裡有草泥馬的觀光工廠以及鬥牛的博物館給遊客參觀，而郊區最有名景點就是世界最深的大峽谷 Cotahuasi Canyon （科塔華西峽谷，3354 公尺）

和第二的 Clca Canyon（科爾卡峽谷，3270 公尺），比美國大峽谷 Grand Canyon（1500公尺）足足深了兩倍！

這是個有機溫室的專案，牆壁是以寶特瓶搭建，用廚餘製造氣體燃燒和施肥，把原本單調的溫室弄成觀光新景點

當工作一段時間後，我的志工計畫也被越來越多人知道了，大家就會介紹朋友給我認識。這個專案的召集人非常特別，是一個 70 歲的爺爺，他號召全世界志工來建造一個有機的溫室，組織全部行動，包含負責志工的飲食和住宿，也會請他們協助統計及招募下一期志工。

來參與的志工個個都很有才，最棒的是老爺爺讓他們完全發揮自己的專長，有些負責塗鴉彩繪，有些負責室內設計，有些負責園藝農作，有些廚師分享各國料理，這樣完美的分工讓有機溫室的食材不僅能滿足志工需求，還可以提供給外來的遊客，然後把收益再用來擴大溫室規模，號召更多的志工，如此無限循環。

組織者有效發揮及善用志工的專長，
我相信這個創造出來的專案力量不容小覷

我非常喜歡老爺爺的主意。因為很多時候志工來幫忙，多半都是出勞力，若能統計和做好分配，讓每個志工的經歷與學歷得以發揮，也算是一種公司組織，可以讓這樣的志工活動變得更好。

太陽的後役
@taiyang30

👍 讚　📶 追蹤　💬 推薦　…

觀賞影片　💬 發送訊息

看 這麼大片綠綠黃黃的，全都是「拖拖拉」（Totora）草（一種水生植物，類似台灣編草蓆用的藺草，一般常誤稱蘆葦）。沒錯，這裡就是秘魯普諾（Puno）讓我最感興趣、大家口耳相傳的蘆葦島（Isla de Los Uros），一座位於的的喀喀湖中的人工浮島。

浮島是用做出來的

這一整座島，包含房子、船和橋樑都是以拖拖拉草建成的，雖然它真的很觀光，一直強迫觀光客付費的感覺不太好，但是看到這樣的小島還是覺得很特別～草要怎麼做島，有人解說是用人工堆疊，示範模型也用拖拖拉草去做，上面還放了人形娃娃，模樣非常可愛。

 # 歪嘴草泥馬

南美洲最不乏的就是草泥馬，各式各樣的
種類，毛色也各不相同。阿雷基帕這邊觀
光工廠會把草泥馬的毛做成高級毛衣，一
件至少台幣 3500 元起跳，等級跟喀什米
爾一樣，還可以親身體驗草泥馬的毛有多
軟、多保暖，超有趣～不過為什麼草泥馬
吃東西都要歪嘴呢？

【小記】這邊真的雨季來了，下午都會下雨，而且雨一下就淹水，害我的鞋子
老遭殃。本來想去世界第二深的科爾卡峽谷看禿鷹，但剛好碰到雨季看不到就
算了。參加城市散步導覽到市區走走，聽專業的導遊講解比較明瞭，跟著看了
很多教堂、學校，而且他很棒，還會抓人來即時互動，哈哈，好好玩。

音樂讓全世界溝通無距離

來到秘魯絕對不能錯過的當然就是馬丘比丘（Machu Picchu），而一說到馬丘比丘，這個古代印加帝國的遺跡，世界新七大奇蹟之一，庫斯科（Cuzco）這個城市自然是不能略過。

海拔 3400 公尺的庫斯科，被安地斯山脈環繞，是古印加帝國的首都，在印加王朝裡面將它稱為「世界的肚臍」。相傳第一位印加國王在庫斯科的土地上，將金杖順利插入土中，便選擇在此建立城市，開啟了印加帝國的時代。

庫斯科市中心周圍盡是餐廳、旅行社及西班牙人所建的大教堂，觀光客日常所需，幾乎在這一帶都可獲得滿足。這裡擠滿了數不盡的觀光客，大家目的都是為了到「失落的印加城市」馬丘比丘朝聖，其中當然也包括我。

搭 10 小時的夜車剛到，先去沙發主人家洗澡，再跟著免費城市導覽晃到傳統市場。這一逛就錯過集合時間，乾脆就在那吃飯。下午跳過找旅行社殺價，直接對上營運窗口，跟他們講道理談條件，後來對方同意合作，讓我免費參加 4 天 3 夜的馬丘比丘印加叢林探險遊（Inca Jungle Trail），一下子省好幾百美金，成就感瞬間爆棚，真是太爽了！只是 24 小時內就要出發，一整個非常的趕……

說好的探險果然是刺激、再刺激、更刺激，
一路冒險犯難只為見證古印加奇蹟

第一天先來一段瘋狂腳踏車，仍舊是由高處往下騎，衝破風雨雲霧的重重挑戰，非常好玩刺激（也很冷就是了）。下午還有水量超大超猛的激流泛舟等我們去征服。隔天開始山路健行，一走就是 10 小時，還要爬一段印加古道、坐吊椅穿越湍急河流，晚上去泡深山溫泉放鬆活血。第三天再來個高空繩索，然後走鐵軌 2 小時，一路跟開過來的火車打招呼，好不容易抵達山腳下的熱水鎮（Aguas Calientes），最經典的馬丘比丘終於就在不遠處了。

　　當我看到日本動畫大師宮崎駿筆下的天空之城就在眼前，那一瞬間，真的是感動萬分！整整歷經了四天，總算是見到你了！這是一段不平凡的過程，閉上眼睛，想像以前印加帝國貴族在這休養期間的日常生活點滴……萬分佩服這樣的奇蹟，這樣的一切。

我們真的很幸運，可以一睹古人的智慧結晶，世界上還有多少秘密沒有被發現？就讓我們繼續走下去

　　回到庫斯科，緊接著要開始我的下一份工作，這裡擠滿了全世界的遊客，什麼東西可以跟來自各地方的旅客交流呢？美食、喝酒、唱歌、跳舞，這些都是最好的交流方式。

這次我在當地著名樂團工作當助手，我的沙發主人就是樂團主唱，聽他彈吉他唱歌一整個銷魂，連我都被他的歌聲吸引了，難怪每次唱完都一大堆粉絲。我們樂團演奏的歌曲，西班牙文和英文的都有，就是要拉近跟旅客的距離，讓大家都能產生共鳴。

儘管來自全球各地，有緣在這裡相遇就是一家人，
一起來享受當下的美好，或是一起去見證世界的奇蹟

不過這個工作常常要做到半夜 1 點，非常的嗨，也非常瘋狂，隔天如果再去觀光，身體真的會吃不消。想著已經好幾天沒好好補一補了，就在工作最後一天決定來犒賞一下自己。

秘魯的道地美食是「烤 Cuy」（西文的 cuy，就是英文的 guinea pig，中文譯為天竺鼠，三毛曾在她的書中提到，但是稱為「幾內亞烤乳豬」），用的食材是秘魯特產天竺鼠，長相真的就是天竺鼠，不過吃起來像雞肉，秘魯人都吃這個補身，希望我也能獲得滿滿的能量再次出發。

太陽的後役
@taiyang30

👍 讚　🔊 追蹤　💬 推薦　⋯ ｜ 觀賞影片 ｜ 💬 發送訊息

馬丘比丘，身為旅人心目中的聖地，明知道它就在不遠處，靜靜的躺在那裡，想早一刻見到它的心情是可以理解的。清晨 4 點起床，20 分鐘後橋頭已經很多人等在那了，大家都想衝第一個上山（我背著重重的行李，當個第十名就好了）。爬到山上，霧氣還很重，白濛濛的。當太陽升起，霧漸漸散去，古老的印加文明遺跡慢慢露臉了～

 # 百歲奶奶給我的祝福

終於一步一腳印走到傳說中的熱水鎮了！今天的收穫是亂跑遇到一個印第安奶奶，她說她已經 100 歲了，因為都吃當地野菜配大玉米，然後很好心請我吃一大堆菜，最後還跟我說：「小子，要好好體驗人生這 100 年。」哈哈～

馬丘比丘路上非常精彩

這趟叢林探險精實刺激不在話下，有圖有真相，就請大家笑納囉！

 # 在一生必去的奇蹟之地打卡

早安，馬丘比丘！走在古道上，對印加人越發感到佩服，看著他們不用機器切割的石塊、用沙子和水來拋光……真的覺得很厲害！向崇拜太陽的印加人致敬，綁太陽頭巾打卡是一定要的，「太陽的後役」奇蹟之地踩點成功！

【小記】庫斯科到利馬（Lima），坐公車坐了快22小時；利馬到皮烏拉（Piura）稍微少一點，坐 18 個小時，真的是在練鐵臀功。不過這兩段搭乘經驗讓我有個全新的大發現，原來秘魯的客運都可以殺價！（噓～這可是連秘魯當地人都不知道的秘密喔！）

神秘秘魯（Perú），這個隨處看得到印加古文明的國度，走在路上你會被整個景象所搞混，有時回到現代的繁華，走沒多久又撞見古文明建築與宗教的結晶，許多故事的點滴就在生活中，非常的值得探險與發掘，或許哪一天你就發現自己是印加王朝的後代。很喜歡這邊，到處都有太陽的象徵，太陽是印加王朝崇拜的至尊（我想太陽的後役很適合在這發展），不能錯過的馬丘比丘，唯有自己來一回，親眼目睹這個傳說中的天空之城，你才會知道自己的渺小，以及世界的巨大。太多失落的遺跡等待我們去探勘，就讓我們一步步去探索吧！來這邊學到的精華就是：找團出遊，與其花時間跟旅行社殺價，不如去找上游營運窗口（tour operator），才能好好的跟對方談條件，互相合作，就可以像我一樣免費玩了一趟馬丘比丘。小撇步跟大家分享～

城市

❶ Puno 普諾
❷ Arequipa 阿雷基帕
❸ Cuzco 庫斯科
❹ Lima 利馬
❺ Piura 皮烏拉

 工作

有機溫室志工
樂團演出助手

費用

交通費	TWD 2300
食物費	TWD 400
門票費	TWD 1600
總計	**TWD 4300**

跟住赤道的沙發主人一起守歲過年

　　一路向北，從庫斯科到秘魯首都利馬，再到皮烏拉，然後繼續搭車到邊境，車程動輒數十小時（不過秘魯的客運真的很神奇，坐在車上不無聊，因為有很多賣東西的人會上來推銷，大部分賣亞洲商品，甚至連人參膠囊都有賣），到點就在市區閒晃一下，再把車子當飯店來移動睡覺，滿好的。掰掰秘魯，多彩多姿的厄瓜多，我來了～來這裡剛好過農曆新年，不開工，偷閒放大假。哈哈～

厄瓜多是個熱情的國家，
從看到它色彩繽紛的國旗，
就有預感這個國家也會很有趣。
果然沒錯！

瓜亞基爾（Guayaquil）是我在厄瓜多停留的第一個城市，除了同樣色彩繽紛的貧民窟之外，還有個綠鬣蜥公園，滿滿的綠鬣蜥跟鴿子共存，很像恐龍小孩，大家都買生菜去餵食，那種自然動物和人類共存的畫面，真的是很美妙。

這個城市也是要去以達爾文進化論聞名的加拉巴哥群島（Galapagos Islands）的轉運站，不過由於預算有限，這地方就留給以後的我來探險

了。雖然沒有去加拉巴哥群島，但島上著名的大象龜在瓜亞基爾還是可以看到，這個象龜是世界上前兩大的陸龜，瓜亞基爾就像是神奇寶貝村落一樣，到處都是野生動物，哈哈，隨時都可以收服他們。（綠鬣蜥是我在

厄瓜多第一隻神奇寶貝，大象龜是第二隻）

厄瓜多除了有很多野生動物，戶外運動也是很盛行，我的第二站巴尼奧斯（Baños），這個名字看起來像廁所的城市，就是最有名的戶外運動聖地。只是吸引我的不是高空彈跳，也不是攀岩和泛舟，而是這個世界最高的山谷鞦韆（也號稱世上最危險的鞦韆），雖然架設在樹屋騰空擺盪，看起來非常危

險，但它整個保護措施做得很好，大家都盪得不亦樂乎，拍照拍不停。

為什麼對厄瓜多會這麼有感情呢？
因為 2017 農曆年我是在首都基多用番茄和蛋慶祝的

　　過年想到的是什麼？那當然就是年夜飯和紅包，所以在第三站基多
（Quito），世界第二高的首都，我就準備了一桌好料款待沙發主人 Paola
和她的舞蹈同學，把我的畢生絕活全都展現出來，像是番茄炒蛋、番茄蛋
花湯、番茄蛋花粥、番茄蛋花菠菜，哈哈哈，像這樣顏色豐富的菜色正好
符合厄瓜多國旗的特色。同時送她們每人包了台幣一元的紅包，小小的心
意，代表一元復始，祝福大家新的一年順利平安。

　　跟正妹房東 Paola 說我們過年還有個守歲的習俗，姐姐們就說那就來
跳舞跳到早上吧！剛好我也不會跳騷莎（Salsa），她們就教我，從入門初
階開始，不斷 NG 再重新跳，一直到最後可以簡單跳出舞步，真的很有成
就感。農曆過年雖然不能回家好好跟家人團聚，但是能像這樣跟朋友聚一
起，在吃吃喝喝、唱唱跳跳中慶祝，也是個不錯的體驗。

太陽的後役
@taiyang30

👍 讚　📶 追蹤　📹 推薦　…　　　　　　觀賞影片　　💬 發送訊息

開 春第一天走春就來赤道報到！基多的赤道公園有個赤道紀念碑（La Mitad del Mundo）被稱為「世界的中點」，剛好是緯度零度線的穿越點。用了導遊證成功免費進入，就開始大探險。裡面果然沒有讓我失望，博物館超多，像是原住民文化、火車遊厄瓜多、星空介紹，還有立蛋實驗都非常有趣。

南北半球水流方向相反？

立好蛋繼續探險，發現公園裡頭有個有趣的科學博物館，許多物理實驗因南北半球的差異，可以看到水流一個往順時鐘、另一個往逆時鐘方向流動，平常住在北半球的我完全不知道會這樣，這赤道初體驗實在太好玩啦！

 # 擁抱赤道！

趴在赤道線上，半身在南半球，半身在北半球，由於地心引力的關係，身體似乎變得比較輕盈，好特別的感覺。在這裡還可以立雞蛋，就來當成雞年立雞蛋的好彩頭吧！XD

| 太陽的後役 | 厄瓜多 5 天流浪超給力

厄瓜多（Ecuador）是個色彩繽紛的國家，從它的國旗就可以感受到活力四射！真正在這裡生活幾天後，發現厄瓜多很重視發展觀光這塊，用心提供各種旅遊資訊給外國人，無論是高山、海洋、戶外活動和野生動物，這個國家都可以一次滿足。我在這一段所學習到的技能，就是等到公車快出發時，去找還有空位的客運公司，跟他們殺價，就可以用很便宜的價錢買到車票。

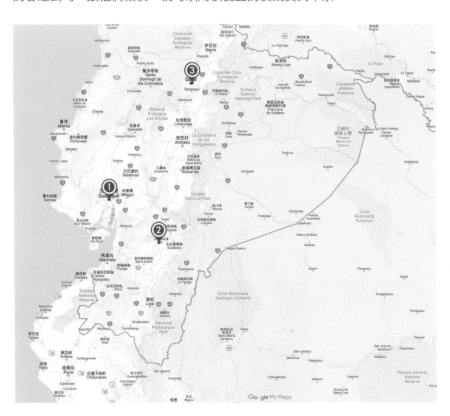

城市

❶ Guayaquil 瓜亞基爾
❷ Baños 巴尼奧斯
❸ Quito 基多

費用

交通費	TWD 1000
食物費	TWD 100
總計	**TWD 1100**

美女毒梟也風靡的咖啡醇香

　　卡利（Cali），哥倫比亞第三大城市，曾經擁有兩大事項而著名於世。一是拉丁風味的騷莎舞，激情四溢，瀟灑奔放；二是制毒販毒的卡利集團，比黑手黨還囂張的世界大毒梟。

　　另外卡利的整形外科手術也是鼎鼎有名，據說技術高超，價格實在，吸引了世界各地許多女性前來改頭換面，身材再造。哥倫比亞盛產世界小姐，尤其卡利這個城市更號稱美女搖籃，因為這邊的移民多，基因越來越好，也是哥倫比亞出產最多美女的城市。

哥倫比亞的特色除了美女毒梟之外，還有就是咖啡

由於哥倫比亞的氣候非常適合種植咖啡豆，這裡的咖啡種植面積布滿整個山頭，許多植物和果樹讓咖啡園就好像世外桃源一樣，美景滿滿。

這次在咖啡田的工作其實是我的沙發主人 Juan 提供給我的，他說他的岳父在距離卡利 2 小時車程的地方有個咖啡田，現在也在招志工去幫忙選豆，還可以把握機會了解整個咖啡的製作過程，非常的棒，我當然就開心的跟去了。

去到那邊學到咖啡豆一開始挑選有兩種顏色：紅色和青色。紅色咖啡豆代表成熟的顏色，可以採收；青色的要特別挑出，因為那是還沒熟成的豆子，如果混在紅色豆子裡面，喝起來比較會有苦味，而且價錢也賣得比較不好。

我在咖啡田一邊幫忙採收咖啡豆，一邊學習有關於咖啡的知識。聽說青色咖啡豆要將近一個月才會變紅色，五年要砍樹，兩次重新生長，十年就要換新的，真的是很複雜。採好咖啡豆，Juan 還帶我去參觀工廠的加工過程，一整個專業，還有大型烘焙機器，超酷的！

傳說咖啡發現者是衣索比亞的牧羊人和他的羊，
羊吃了紅色果實後，變得非常興奮活潑，能量十足

　　巴西是咖啡最大的生產國，而哥倫比亞咖啡生產量排名世界第二，咖啡醇香位居於世界第一。

　　基本的咖啡豆製作過程，先要挑好咖啡豆再精製，就是將外皮、果肉和殼去掉，挑出最裡面的生豆。做法分水洗和日曬：日曬需要天氣晴朗的氣候，果實成熟後立刻採收，鋪在平坦空地曬 2 ～ 4 個星期，比較適合雨量稀少的地區。水洗法是將採下的果實放入水槽浸泡，柔軟果肉，再用機器將果肉打掉，取出種子浸水 2 ～ 4 小時，使殘留的果肉發酵並完全掉落，就可以得到乾淨的種子。

　　一般大眾比較喜歡水洗生豆，是因為它在調製過程中浸泡過，會有比較鮮明的酸度和一致的風味；日曬乾燥的咖啡酸度則比較低。不過因為水洗也可施以機器化作業，更有廣大的市場。

　　下一個步驟就是烘焙。烘焙的程度不同會影響咖啡的風味，烘焙溫度低，酸味比苦味容易釋放出來；烘焙溫度提高，苦味就會開始蓋過酸味。最後拿到烘焙後的咖啡豆，如果已經打開包裝，最好密封在容器內，避免接觸空氣，放在陰涼處存放取用。以上所學到的一些咖啡知識也跟大家分享～

哥倫比亞特色：彩色繽紛。這個特點除了可以在小鎮看到之外，連教堂也是色彩十足！在邊境一通關，馬上拼車衝伊皮亞萊斯（Ipiales）看世界上唯一的山谷教堂——拉斯拉哈斯大教堂（Las Lajas Sanctuary）。這個教堂來頭不小，號稱天空教堂，連接兩個山谷，氣派十足！

 # 美女搖籃不是吹牛的

風塵僕僕來到哥倫比亞美女最多的城市，從車站開始，背著行李往大眾運輸 MIO 前進，路上眼睛真的大飽眼福，好多美女唷～這位是我的正妹房東 Victory，看到她，再度證實卡利「美女搖籃」之名不是蓋的。她不只是正，還擁有健康的生活，住在田園裡面每天享受綠色洗禮，早上都會來一杯蔬果汁，家裡也都用有機系統，讚啦！

 # 游擊隊就在你身邊

聽說哥倫比亞有名的毒梟和游擊隊常跑出來鬧事，炸彈亂炸，趁機運毒，車子經過危險區域都是趕緊離開，但坐到來亂的小巴半路拋錨怎麼辦？（Juan 還說我們運氣很好，他坐這麼久第一次遇到）等不及車子修好，整車乘客趕著換一輛車子上，怎麼這麼刺激啊，哈哈～

 # 世界最高的棕櫚樹達陣！

薩倫托（Salento），充滿殖民色彩的繽紛小鎮，就是要像這樣的小鎮才有哥倫比亞的感覺啊。一早拚第一班吉普車到科科拉山谷（Valle de Cocora），就是要來看世界最高的棕櫚樹——哥倫比亞國樹蠟棕櫚（Palmas de Cera）。每一次看到高高的棕櫚樹，都希望自己像猴子一樣爬到高處，然後再跳到另一棵高樹，哈哈哈，king of the jungle……

散播歡樂給路旁小孩

　　哥倫比亞是我在南美洲行腳最後一個國家。這一站來到麥德林（Medellin），昔日世界頭號毒梟大本營，也是哥倫比亞最現代化的城市（因為毒梟給市政府一大堆經費建設），市內有整個國家唯一的一條捷運，還有纜車，建設比首都波哥大還要進步。

　　附近小城鎮瓜佩塔（Guatapé）有世界上僅次於澳洲艾爾斯岩（Ayers Rock）的第二顆大岩石——瓜佩塔巨岩（El Peñón de Guatapé），交錯的樓梯遠看就像顆大石頭綁了鞋帶，非常特別，難怪這個石頭山會被稱為全世界最有個性的景點之一。

在這個充滿美女、咖啡、毒梟的哥倫比亞，
我找到我的第 30 份工作了！

不是傳播毒品製造
快樂，而是傳播故事與
快樂給路旁的小朋友。

我的這個說書的朋
友，是我沙發主人的男
朋友，他平常是一個老
師，因為參加酒吧說故
事比賽，從此對說故事
上了癮，後來他開始思

考故事的聽眾群，若不局限於酒吧的顧客，拓展到其他地方是不是會更加
美好？於是他的目標就先從小朋友開始。

說故事活動在進行之前，我和我的夥伴會去公園號召小朋友，說哥哥
們要講故事給你們聽，他們就會很快的聚集過來。然後我們一邊說故事，
一邊折氣球送給這些孩子，看他們臉上露出喜悅的笑容，真的很開心也很
滿足，我們要的就是這種快樂的散播。

我願意去學每一個句子，
努力轉化成跟小孩子溝通的語言

雖然我不會講西文，但是我會用自己的方式，讓他們知道有這樣的哥
哥來自台灣。

剛好他們以前很多玩具都是「made in Taiwan」，加上我以前就會折

氣球,這次旅行我也有把氣球和吹氣筒帶出門(就是想說或許有一天可以用氣球跟小朋友多些交流互動),所以就在現場折一些狗、花、槍,這些小孩子喜歡的造型氣球,讓孩子們不只聽故事聽得開心,也可以拿到氣球當禮物。像這樣子有吃又有拿,以後小孩子看到氣球,如果能想到這場故事分享會,想到曾經跟一位台灣來的哥哥互動,我們三個就很高興了。

這個國家如果可以從小灌輸孩子分享的快樂,我想這個國家人民的心靈會很富有。每個人多點分享的快樂,世界說不定也更加美好,我們的快樂是建築在別人的快樂之上,讚啦!

用這個幸福快樂的工作來完成第 30 個工作目標,真的是最完美的 ending

看著麥德林和平廣場上象徵希望的白色旗杆，希望這個國家有一天能擺脫毒品氾濫問題，走在大街上沒人會再湊近詢問：「想要 Coca 嗎？」這是在兜售白色毒藥古柯鹼（Cocaine），可別以為在賣可樂啊！

 # 鞋帶石頭我來了！

這塊巨石不只是大自然的奇蹟，還有人工修築的 Z 字型階梯，實在超瘋狂！不愧是世界上最壯麗的天梯，看起來就跟我運動鞋的鞋帶一樣，太有創意了！不過幸好有它，否則我就爬不上岩石頂端，看不到眼前絕美的翠綠湖景了。

 # 夢想中的哥倫比亞

掰掰麥德林～搭上在南美的最後一趟公車,坐了14個小時,抵達終點站卡塔赫納(Cartagena),第一個感覺就是怎麼這麼熱啊!靠加勒比海的城市,夏日的熱情果然夠深刻,哈哈!這次住的地方是個神學院,很像在過當兵生活,跟一大群學生混在一起,感覺自己都變年輕了。這個城市真是太漂亮了,看著碧海藍天回味整個旅程,感覺好像做夢一樣不真實,從第一天到最後一天,整個像夢境一樣⋯⋯。

 # 奔向加勒比海的擁抱

幻想中的加勒比海就是充滿海賊的區域，但其實這裡也有漂亮的海域可以游泳嬉戲，躺在沙灘上回憶整個南美洲冒險之旅，真的好像一場夢，很精彩的夢，很難想像它是真的發生在我身上的故事，太神奇了。最後一次擁抱，再見加勒比海，再見南美洲，有一天我會再用不一樣身分回來。下次見！

｜太陽的後役｜**哥倫比亞 13 天流浪超給力**

哥倫比亞（Colombia）應該算是此行最喜歡的國家之一，負擔得起的物價、殖民色彩繽紛的建築、男的帥女的正、動感十足的騷莎舞以及濃純咖啡，真的是讓人一待就想久留的國家。由南到北，山川、海洋或是人文古蹟都可以滿足各類人的興趣，千萬不要錯過這個國家！哥倫比亞教我的是趕路時可以早上逛，晚上坐夜車，隔天早上再逛，雖然趕到不行，但這也是另一種趣味。

城市

❶ Ipiales 伊皮亞萊斯
❷ Cali 卡利
❸ Salento 薩倫托
❹ Medellín 麥德林
❺ Guatapé 瓜佩塔
❻ Cartagena 卡塔赫納

 工作

咖啡豆工人
說故事折氣球人

費用

交通費	TWD	3500
食物費	TWD	1000
總計	**TWD**	**4500**

Yes Man @ 南美洲浪跡難忘見聞

知遇・感動・衝擊與挑戰

國家與天數花費：

來回機票	TWD 25000
巴西 60 天	TWD 13000
巴拉圭 10 天	TWD 100
阿根廷 57 天	TWD 21000
智利 36 天	TWD 19300
玻利維亞 20 天	TWD 5700
秘魯 13 天	TWD 4300
厄瓜多 5 天	TWD 1100
哥倫比亞 13 天	TWD 4500

學習技能：

沙發衝浪
野外搭帳篷
搭便車
跟旅行社談條件
跟營運商談 last minute 免費或折扣行程
跟客運公司談 last minute 免費或折扣
餐廳吃別人吃剩食物
餐廳關門前回收要丟掉的食材

※ 扣除旅行中收到贊助紅包約台幣 15000 元，
總計花費約台幣 80000 元

旅途中的那些人

很多朋友都會問我，旅行要一個人去？還是找朋友一起去？一個人旅行會不會很無聊又很危險？

說不無聊、不危險是騙人的，但是我們可以自己去調適，讓旅行路上不會常常感到無聊。最簡單方式就是經常主動跟陌生人搭訕，也可以在度假城市選擇不當沙發客，改住便宜的 Hostel 去遇見更多有趣的人。每一次跟其他旅人分享故事都覺得超酷，有很多人的勇氣與創意都值得我們學習。所以旅途中可讓你學習的對象其實很多，就看你願不願意去主動交流。

接下來介紹這幾位是我旅途中遇到覺得特別的人：

這位姐姐是個老師，寒暑假都會跟先生安排旅遊，因為他們從以前就對拍婚紗照很有興趣，就設定好一個目標，在每年寒暑假時帶上他們的婚紗，結合環遊世界的目標到各景點拍攝。他們的網站：Onedressonewoman.com

這位大哥是大學教授，因為在學生時代旅行時受到很多人幫忙，為了要回饋，有時假日就會跑來住 Hostel 尋找有緣人。他車上放著獨木舟和衝浪板，如果遇到跟他有緣分的人，大哥就會帶他們去他的秘境海灘。那次他帶著我和一些朋友去他的私房基地探索，最後還順路載我去公車站搭車到下個城市，真的是很特別的人。

老公是音樂藝術家，老婆是知名製片人，他們平常接觸太多奢華富貴，偶爾住便宜的 Hostel，為的是想接觸更多有趣的人，感受新的刺激，激發創作靈感，同時也讓已經習慣的生活方式多一點新的變化。

路上看到很多騎機車和腳踏車旅行的人，但這位仁兄竟然是騎馬戲團的單車遊南美 !! 很難想像如果騎到上坡路段或是風超大的巴塔哥尼亞要如何前進，一想到這，真的是讓我不得不佩服。

經典巴西重返榮耀 - 足球奧運金牌

歷史的戰役怎能不參與其中？2014 世界盃足球賽，巴西在主場以 1-7 慘敗給德國，這是巴西人心中永遠的痛。這屆奧運金牌戰，一樣的對手，一樣的場地，這場集結所有巴西希望的戰役，首先巴西由內馬爾直接自由球射門落網，真的太帥了！全場觀眾鼓譟狂歡。德國再來以團隊默契追平一分，比賽就這樣進入延長賽。延長賽兩隊也沒有得分打平，最後進行 PK 點球賽，前面五球比分 4：4，德國隊最後一球沒有進門，巴西最後一球由內馬爾操刀，號稱金牌之球。看來這場比賽真的是為巴西準備的，為內馬爾準備的，射門入網，巴西冠軍，內馬爾成為巴西之光，多

少觀眾痛哭流涕，多少巴西人說這場球值回票價，榮耀屬於巴西，Congratulations！

【小八卦】我跟內馬爾爸爸還有女朋友坐在附近看球，旁邊有很多體育明星，像是地表最快的男人Bolt、NBA巴西閃電Barbosa、Nene，贏球時都過來向他恭喜，從內馬爾爸爸表情看得出來，他為生了這麼傑出的小孩而感到驕傲。但有趣的事情來了，比賽結束後內馬爾一直在下面慶祝和接受採訪，都不上來擁抱家人，結果他爸就不高興了，一直打電話罵人，旁邊親朋好友只好一直安慰他。這個故事告訴我以後參加比賽要邀請家人參加，然後還要記得擁抱他們。

巴西真實生活的洗禮

巴西民眾情緒和情感表達很直接，奧運過後巴西正在抗亂，到處都有反對他們現任領導人Temer的抗議活動。但因為媒體是政府的，很多醜聞都被壓了下來。聽說Temer是美國的暗樁，私底下收了很多錢，然後把資源都便宜賣給美國，讓巴西人民超不爽，完全否定他國家領導人的身分，路上到處都看得到寫著「Fora Temer」的告示牌，意思是叫他滾蛋！所以他們只要一有機會就來個抗議酒吧趴、抗議大麻趴，親身目睹，真是讓人大開眼界。（P.S. 大麻在台灣是不合法的，請不要亂捲亂抽。）

百內國家公園的野外挑戰

智利百內國家公園被《國家地理雜誌》列為人此生必去景點之一，國家公園內有雪山、冰川、冰川湖和形狀奇特的山峰。狀似牛角的藍色牛角峰（Cuernos del Paine Peaks），加上多個美麗的冰川，由於冰川湖中所含礦物質不同，使湖水呈現不同顏色：

碧綠、藍灰、淺藍、湛藍，美景非凡。

一般去百內國家公園露營，加上食物和門票，5天走完W路線大約要花200美金，但是我想要挑戰不花錢完成百內國家公園2個W路線，所以一開始先從市區搭便車到收票口，然後很有誠意秀出只有冷食物的包包，跟管理員問說能否不付門票，想不到他真的答應了！

雖然每天要比別人多走4小時才能住到免費營地，但我還是成功達成沒花錢征服百內國家公園的目標，付出代價是：花5天走了2個W路線；沿途不斷有人說我瘋了，但我還是相信自己可以走得到；每天背10幾公斤行李比別人多走3～4小時的路程；每天晚上別人在吃現煮美食，我只能啃冷番茄三明治＋冷雞蛋＋冷花椰菜＋冷熱狗＋冷蘋果；我5天都沒洗澡，鬍子長滿臉。

不過我也在那學到了一課，當別人在輕鬆吃飯、洗澡時，還是有那個我在努力前進，在努力存活，在努力踏出我的每一步，這是我目前為止最折磨的一段旅程。不管路上多少人都說我瘋了，

我那種相信自己可以完成的信心與決心，我這輩子都忘不了。痛苦會過去，美會留下，我相信我踏出的每一個步伐都是值得的。Pain is weakness leaving the body. 現在我是個 Manly Man.

智利火星的 check in

阿他加馬是我在智利行腳的最後一個城市，這裡就是全世界最乾燥的沙漠，曾有連續290天未曾下過一滴雨的紀錄，之前測試火星的機器也都在這邊研究過，畢竟沙漠地區氣候乾燥，表面又凹凸不平，酷似火星。

由於海拔高以及地處沙漠，周邊有許多因極度乾燥而形成的喀斯特地形、高山湖泊、鹽沼地形和非常特別的噴泉地形。其中月亮谷（Valle de la Luna）以地形跟月球表面類似聞名，還有晚上星空非常漂亮，甚至 NASA 組織都在這裡設立觀星站，韓劇〈來自星星的你〉也曾送過一張阿他加馬的星空圖，所以這個地方真的很熱，很月亮，很火星，很星星……

天空之鏡日出的聖誕倒影

令亞洲人為之瘋狂的天空之鏡（Salar de Uyuni 烏尤尼鹽沼）位於烏尤尼，這裡有世界上最大的白色鹽田，還有用鹽打造的旅館與餐廳，可以發揮各種創意跟白色鹽田拍照。選在聖誕節來到這個夢幻的地方，就是希望能用這些白色鹽田慶祝我的雪白聖誕。當下起雨來，鹽沼表面會有一層薄薄的水，與底下大塊食鹽結晶形成鏡底，晶瑩剔透，反射異常清晰，就成為傳說中的「天空之鏡」，世界最大的鏡子。來到這裡迎接日出的倒影，「來自太陽的你」原來就是這樣的感覺——兩顆太陽，兩片天空，兩張人影。各種趣味照片拍不停，大家都拍得不亦樂乎～

亞馬遜的跨年倒數
3～2～1～

從 2016 年跨到 2017 年的這個時刻，想要來點特別不一樣的慶祝，於是就選擇進入神秘的亞馬遜探險。亞馬遜雨林，這個地球之肺位於南美洲最神秘的區域，占地有 700 萬平方公里，全世界林木總數的一半以上都在這裡。玻利維亞是參團費用最便宜的地區，既然都來到這了，當然不能錯過。前往亞馬遜大草原，乘獨木舟沿河岸欣賞各種動物，鱷魚、水豚和天堂鳥更是滿河岸都是！與粉紅海豚共游、釣食人魚、草原找大蟒蛇、夜晚看螢火蟲和鱷魚的眼睛，這些驚奇體驗

真適合為我的 2016 年畫下完美句點，同時迎接 2017 年新的開始。

2016年很美好，2017年繼續創造更多精彩故事，讓我們來瘋狂一下，回歸自然，一起倒數3～2～1～新年快樂～～噗通！跳下亞馬遜河裡面。

厄瓜多的野性

厄瓜多第一大城瓜亞基爾，有「太平洋濱海明珠」的美譽。相傳最早是一對勤勞的印第安夫婦棲居在這裡，女的名為瓜亞，男的叫基爾，後人為了紀念他們遂以「瓜亞基爾」為城市命名。瓜亞基爾人最自豪的是昔日犯罪案件頻傳的河岸，經過改造已變成一條 2.5 公里長的河濱散步大道。世紀公園裡最吸引我的是地上到處亂爬、不時和鴿子爭奪食物的綠鬣蜥，超有趣。

此外厄瓜多還有許多戶外探險，最有名的戶外運動聖地巴尼奧斯，讓我躍躍欲試的不是高空彈跳或泛舟，而是這個世界最高的山谷鞦韆，下面就是無底的山谷，非常刺激。Yes！

農曆新年時，我人剛好在厄瓜多首都基多，受邀跟這邊沙發主人和她朋友一起守歲過年。除夕團圓夜，煮了年夜飯款待我的正妹房東們，還爽快包了紅包給每個人，大家都穿得很喜慶，陪人在國外的我聊天守歲，一直聊到大半夜。她們還教我跳騷莎，跳到早上 5 點，我才知道原來跳騷莎舞這麼有趣～ XD

流浪經驗回饋

❖ 交流

在旅途中很長一段時間都會跟別人有交流的機會，這個很棒，可以跟大家分享自己的才藝或是興趣，很多時候也因為跟對方交流後，才發現自己對對方分享的事物感興趣。

我最常跟外國人交流的方式是透過運動跟對方認識。南美洲最盛行的運動就是足球，儘管我對足球不擅長，還是會跟外國人一起踢球；若遇到自己擅長的籃球、桌球或是網球，就跟對方多做些交流。那如果真的沒什麼才藝怎麼辦？一道簡單的料理、一段台灣家鄉的介紹、一個喜歡玩的遊戲也都是很棒的交流方式，只要你願意開口跟對方聊天互動，那就是最好的交流開始。

像我跟南美洲很多朋友交流後，也開始對當地流行舞蹈有興趣，像是巴西的森巴、阿根廷的探戈，還有哥倫比亞的騷莎，這些舞蹈都深深吸引了我，之前還跟朋友說要交換才藝：「你教我跳舞，我教你折氣球。」非常喜歡這樣的互動過程。

❖ 食

旅行中還有一個花費就是吃飯。我的早餐和午餐常用麵包維持飽足感，再加上當地特產的便宜水果補充營養，像是在智利就狂吃蘋果和奇異果，在秘魯和厄瓜多就吃香蕉，然後晚餐就和沙發主人一起開伙，或是主動做台灣料理跟他們分享，並且趁機補充蔬菜和蛋白質。

征服百內時連續五天在山上無法煮飯，就先準備好水煮蛋、番茄、麵包，靠這些冷食撐過五天。老實說吃到最後很膩，但那時候我仔細想過，

外面的各種美食本質上也是澱粉、蛋白質、維生素，只是種類和烹調方式不同，所以我也一樣利用食物的外表及口感變化，說服自己在吃不同的食物（比如第一天用麵包夾番茄，第二天換以番茄夾麵包，之後幾天有時會把麵包揉成球狀或是番茄切丁），用這樣的方式自得其樂，來排解吃膩的三明治夾番茄。

還有些時候我會去餐廳回收乾淨但不能放隔天的食物；用紅包或是書法，或者請對方寫下英文名字，我再把名字翻譯成中文來交換，然後把拿到的食物當成晚餐或是隔天午餐。偶爾運氣好還拿過整塊牛排呢！

❖ 衣

衣服方面，我只帶三件短袖、三件長袖，加上五件內褲、五雙襪子、牛仔褲、防水褲、保暖外套、防水外套各一件，然後帶一雙健走鞋和一雙拖鞋換穿。夏天容易流汗，每天洗衣服，隔天就會乾；冬天洗衣服可以給它三天時間慢慢乾。如果遇到下雨或是不斷移動的日子，衣服沒機會好好曬乾，我就會把衣服披在包包外面，或是穿在身上最外層去吹乾。

❖ 住

沙發衝浪

住宿最常使用的就是透過「沙發衝浪」，這不是指拿沙發去衝浪，而是如果當地人家裡有空閒的空間，可以提供給旅人住宿，這樣的空間可以是房間、客廳沙發或地板。提供沙發的主人可能是想多跟外國人做文化交流、想幫助旅人、想練習外語，或是希望家人多接觸外國人等等；沙發客人就可能是想節省住宿費，想要認識當地人，或是想多接觸當地文化等等，是一個雙方互相選擇的過程，最有名氣的沙發衝浪網站就是Couchsurfing（https://www.couchsurfing.com/）。

它的操作很簡單，只要上網搜索你要去的地方，選出合適自己的行程或是背景興趣的沙發主人送出需求，沙發主人就會根據本身狀況或是對你的背景興趣，決定要不要同意提供給你住宿。每次住宿完畢後，無論主人或是客人都會得到一個評價，當評價越多越好之後，成功的機率也更高。

接下來我有一些自己的沙發衝浪心得想要跟大家分享：

1.在送出需求給沙發主人之前，可以自己先當沙發主人提供沙發客住宿。

除了熟悉沙發住宿的過程，還可以思考之後換自己當沙發客人，要如何將心比心的對待沙發主人。最重要的是可以獲得評價，之後能讓下一個沙發主人或是客人看到你接觸過沙發客跟你的互動狀況。

2.準備自己國家特色小物跟對方分享。

像是我常常會準備紅包或是書法，這些東西不只富有華人特色，體積也不會太大，方便攜帶。

3.交流很重要。

沙發主人和客人很大的一環就是彼此的交流，這種交流可以是興趣、旅行、自己國家的介紹、唱歌跳舞、魔術才藝，甚至是食物交流。像我就是用兩道料理：番茄炒蛋和親子丼來打通關，所以出發之前好好學幾道拿手菜，來讓彼此有個味覺上的交流吧！

如果找不到沙發主人，我就在野外搭帳篷過夜。但是要找一個安全的地方，像是加油站、公園，或是借搭在別人家的後院，都是不錯的地點。我的最後選擇就是住 Hostal 或是 Hotel，在那裡會遇到同樣喜愛旅行的朋友，相似的話題更拉近彼此距離，或許還有機會可以相偕走一段路呢！

Hotel.com （https://www.hotels.com/）
Booking.com （https://www.booking.com/）

❖ 行

機票

旅行中還有一項不容易省下的就是機票錢，如果好好比較可以省到一些，我自己常用的方式如下：

1.查詢購買環球機票的可能性。

利用這個環球機票可以按照不同價錢、不同哩程數去安排不同城市的飛行。很多人知道有一種「環球機票」可以讓你繞世界飛一圈，中途停留不同的國家，整體似乎非常划算，有點購買套餐比單點還便宜的感覺。但是環球機票也會根據不同航空公司聯盟給到不同的價錢和結果，這時候就要根據你的行程、預算、時間來決定是不是購買環球機票較划算。

常見的公司有這三家：
星空聯盟 - 環球機票 Star Alliance Round The World Flights
天合聯盟 - 環球機票 Sky Team Round The World Flights
寰宇一家 - 環球機票 OneWorld Round The World Flights

其中 OneWorld 寰宇一家環球機票是最多人的首選，雖然只包含 11 個航空公司聯盟，但是含括地區卻非常廣。它主要分為兩種：Global Explorer 以試算距離方式來決定票價，關鍵在於有沒有飛你想要去的景點；OneWorld Explorer 則是用你去了幾大洲以及飛了幾段來決定票價，不過不能超過 16 個飛機航段，而且每大洲最多只能飛 4 趟內陸飛機（美國可以 6 趟）。

買這種機票如果真的要省錢還有個小提醒，可以去看鄰近國家出發的環球機票，可能會比台灣出發還便宜。以我朋友買環球機票經驗，從日本

出發就比台灣便宜台幣 2 萬元，雖然要額外買台灣到日本的往返，不過費用也是在台幣 1 萬元以下，還是可以便宜到。

2.善用比價平台來對比機票。

常用的平台有：
Skyscanner （https://www.skyscanner.com）
Studentuniverse （https://www.studentuniverse.com/）
Kayak （https://www.kayak.com/flights）
Expedia （https://www.expedia.com）
Priceline （https://www.priceline.com/）

　　這個真的是要花時間研究。它沒有任何常規，主要是看每個人的狀況去調整。我的做法是先用 Skyscanner 瀏覽，如果沒目的或行程可以自由調整 everywhere，沒有選定好哪個日期就選 whole month，然後慢慢看慢慢研究，很多時候我的線索就是這樣蒐集來的。當有了頭緒之後，再去航空公司查飛行航段，然後就找那個國家還有哪些航空公司，因為有些航空公司跟 Skyscanner 是沒合作的。接著就是選時間，通常很便宜的一定有它的原因，可能需要轉機或者是早班或晚班；如果都不是，時間很好的話，可能就是淡季促銷或者是你比較早訂，那就趕緊下手。

　　之後再找台灣鄰近國家當成起點或是終點去看價錢，說不定可以用更便宜的總價多遊幾個國家。像我這趟飛巴西的出發點就是在日本，日本飛到巴西聖保羅有衣索比亞航空，單程台幣15000元，加上台灣到日本2000元單程機票，也才台幣17000元，相較於台灣單程到巴西聖保羅的機票都要25000元以上，這樣總價更低，又可以多去一個國家，何樂而不為！

3.利用 App 提醒特價機票的功能。

　　有些時候我們可能一年前就決定好要去某個國家，這時候我會設一個

時間看有沒有出現促銷票，通常那些比較機票平台都有提醒的功能，可以設個提醒當機票價格低於某個價位的警示，或是利用目前比較熱門的 APP 去提醒也是不錯的選擇。例如：Hopper（https://www.hopper.com/）

客運

在當地我的交通方式是能走到的就用走的，能搭當地巴士的就搭巴士，能用共乘就共乘，當然能搭便車是最好的結果。在還沒決定要搭便車之前，我都是利用共乘方式去移動，在巴西有名的共乘軟體叫 BlaBla，阿根廷是 Carpool，這種共乘方式有個好處，就是你可以陪司機聊天，有些時候如果跟司機相談甚歡，甚至司機還有可能不收你車錢，而達到另一種搭便車的模式。

如果真的要搭當地客運，也可以試著在發車前最後一刻再去跟客運公司談價錢，看能否有殺價或是免費的可能，因為他們不管有沒有坐滿客人都要發車，這樣就有機會可以跟對方協商。不過要是你有在趕路，把機會壓在最後一刻出發的車票上，真的有可能面臨搭不上車的局面，自己可要小心評估。

搭便車

搭便車對我來說是一件刺激的事情，因為不知道下個司機會載你到哪裡，會有怎樣的故事發生，甚至下個司機能不能等到也是個問題，所以非常有意思。

在搭過這麼多段便車後有些心得要跟大家分享：

1.準備好宣傳告示的紙板。

最好準備畫冊或是紙板，紙張很容易因下雨淋濕或被風吹破。重點要標示清楚：地點建議著色或加粗，然後寫上自己的國家或是一些祝福語，讓看到的司機覺得你有用心。

2.找好候車地點。

　　要讓路自動去篩選跟目的地同方向的車子，所以要選對地點：高速公路閘口和加油站都是好地方，等待時間會比較少，把精力花在停車機率比較高的車子上才不會浪費太多體力。還有就是要找個對方容易停車的地方，否則就算有司機被打動想載你，但車速過快來不及停車，還是白搭。

3.小段小段前進。

　　假設我們要從台北到高雄，不要在告示板直接寫高雄，因為不是所有司機都會直覺想讓你前進一小段，可以分段寫先到桃園、新竹、台中，或是寫上國道幾號的標誌，然後選好南向的車道等候。

4.好好想好話題。

　　終於遇到車子願意停下來載你一程，上車後不要只是靜靜坐著，想些話題或是準備一些食物，製造好氣氛，說不定司機佛心來著，也會請你吃大餐、載你到下一段路更好接的地點下車，或者是讓你住到他家。

5.建立正確心態。

　　不是所有車子都有義務載你一程，要抱持樂觀的心態，好好的享受其中，很多驚喜就在裡面。同時要保護好自己，看車子是不是朝自己目標的方向前進，不要最後要去高雄卻走到台東；設個截止時間，如果最後搭便車失敗，最晚何時要回車站坐客運，心裡先要有打算。還有最好不要天黑搭便車，或是到達目的地已經快半夜，這樣不僅你會怕，司機也會擔心。

　　最後就是三個小叮嚀：1.把自己想成是司機，遇到什麼人你會停車。2.失敗是正常，要抱持樂觀心態，相信有車子會載你。3.祝我們都好運。

現在網路上面也有專門網站提供搭便車資訊，或是相關路線與過來人的經驗分享，可以參考 Hitchwiki（http://hitchwiki.org/en/Websites）。

地圖

交通還有一個很重要部分就是地圖。很多朋友會擔心在國外網路不好不能使用地圖，其實現在智慧型手機幾乎都有內建 GPS，地圖在偵測是用衛星的 GPS，並不是流量網路，所以就算在沒有網路的地方，GPS 還是會反應你的位置，唯一不能用的就是查詢交通方式，這個就要用到網路，單純的 GPS 沒辦法查詢，但只要提前下載所需要的地區地圖，即使沒網路一樣可以看到即時地圖，導航最佳路線也都沒有問題。

常用的地圖軟體有這三個：
Google Maps（https://www.google.com.tw/maps/）
Waze（https://www.waze.com/）
Maps.Me（http://maps.me/en/home）

❖ 育樂

旅行中還有個支出也不小，就是當地參團的費用，所以如何找到便宜的團或是利用當地交通到達目的地的資訊就很重要。我的習慣會先在網站上面搜尋相關資訊，中英文都會蒐集，常見的國內網站像是背包客棧、個人部落格，國外的資訊則透過 Tripadvisor 或是 Wikipedia。

台灣 ▶ 背包客棧（http://www.backpackers.com.tw/）
國外 ▶ Tripadvisor（https://www.tripadvisor.com/）
　　　 Lonelyplanet（http://www.lonelyplanet.com/）
　　　 Wikitravel（http://wikitravel.org/en/Main_Page）

對這些旅遊資訊以及費用有個大概了解後，就等到當地再去比較和探查。不過在這次旅行中還發現另外一個方式，之前我們都習慣去旅行社報

名參團，但是他們給的折扣和優惠有限，畢竟他們還是有成本考量，這時候就可以嘗試找旅行社的對口出團單位，也就是旅行社的營運商，因為旅行社也是那些營運商的代銷單位，沒有一定要出團的壓力，但是營運商就不一樣了，無論車子有沒有坐滿，他們都還是要出團，住宿也是一樣，因此我們就更有機會跟對方談折扣或合作方案，甚至還可能免費參團。

我自己的成功案例是在玻利維亞參團免費前進亞馬遜雨林。那時跟旅行社談贊助還有合作方式，跟對方商量能否算我團費便宜，我可以在參團後回來分享整個行程的細節還有感受，用中文把心得利用海報和網路分享給其他遊客，並且還幫他們跟我工作的咖啡廳牽線，把訊息分享給在店內的旅客，也因此拿到 5 折優惠參加亞馬遜 4 天 3 夜的團，省了 150 美金，還有免費體驗了玻利維亞有名的死亡公路腳踏車團（原團費 150 美金）。

最有成就感的案例就是在秘魯參加馬丘比丘 4 天 3 夜的行程，真的按照我的策略找到旅行社營運商，跟對方談合作方案，最後也是利用中文心得分享，以及帶在身邊的紅包和書法，跟對方換到免費參加價值 600 美金的馬丘比丘行程，其實交換的方式有很多種，就看你當下遇到的人或是用自己擅長方式去做交換。

❖ 挫折

旅行很多時候不是都在計畫之內，要如何去解決計畫之外的問題，或是去調適出乎意料的挫折或失望，也是旅行中常常要學習和成長的功課。

這次我遇到的最大挑戰就是在搭便車上面。以前雖然也有不少搭便車經驗，但主要就是跟路人搭訕，他們有時候就會順道載你一程，而這次會想挑戰在路旁舉牌子搭便車，主要有兩個原因：第一個是旅費問題，像是在阿根廷的交通，因物價指數膨脹的關係，客運費用非常驚人，如果一路都搭客運移動，我真的不知道能不能把全部花費控制在預算內。第二個是

在路上常遇到很多外國人在搭便車，但就是沒看到亞洲人面孔在搭便車，心想我也不要輸給他們，所以就決定證明給他們看。

不過第一次挑戰就來個大考驗，整整在大太陽底下等了 2 小時，過程中真的一直在問自己為什麼要這麼辛苦，不斷的被拒絕或是被嘲笑，明明就是可以簡單搭客運解決的事情……，但是之後靜下心來想想，這不就是我給自己的挑戰嗎？

不用擔心會失敗，這不是取決於對方司機要不要載你的過程，而是取決於自己的決心。面對自己的等待，我無法控制對方願不願意載我，但是我可以調整自己「要失望的等待每一輛車子」或是「抱著希望的等待每一輛車子」的心態，總是跟自己講說下一輛會更好，會有更多樂趣、遇到更好玩的司機，樂觀期待成功的那一刻。

於是我開始用笑容迎接每一輛從遠方開過來的車子，用大大的笑容或動作跟車上司機打招呼。永遠忘不了第一次成功的那一刻，自己真的興奮到跳了起來，一直擁抱司機，原來這就是成功野外舉牌搭便車的喜悅。

我們不知道每台車將會把你帶到哪裡，或是每台車子上的司機是怎樣的人，但是我們可以用享受的角度去面對每一刻。然後當你成功了，你會發現這是個自信心建立的過程，你會相信自己什麼事情都可以完成。

感謝

再會了，我的南美洲流浪記。

8 個月、8 個國家、8 萬台幣、30 份志工（不同的工作體驗），食衣住行育樂機票全包。太感謝這一路上幫助我的貴人們，讓我可以把不可能的任務化作可能，受到滿滿的祝福，經歷這麼多神奇的故事與冒險。感謝大家的支持，很高興能夠跟所有有緣人分享路上的點滴與經歷，這些照片、影片、心得都會是我人生中永遠記得的過程，謝謝你們。

生活在世上原來有這麼多可能性，現在太陽完全是自信心爆表，感覺沒有事情可以難倒我，哈哈！之前東南亞窮遊之旅讓我蛻變為陳明陽 2.0，這次 30 歲南美洲「太陽的後役」使我再次進化成陳明陽 3.0。我會好好想我 40 歲的計畫，有任何建議歡迎提供，我有任何想法也會跟大家分享，期待陳明陽 4.0 的誕生～

最後還是要說：太陽的後役，真的很容易！邀請大家一起來做夢，不設限，一起來挑戰自己。

國家圖書館出版品預行編目資料

太陽的後役-敢夢，不設限：募資走遍南美洲體驗
30份工作，實踐從0到1的Gap Year人生提案 /
陳明陽著. -- 初版 -- 臺北市：商周出版：家
庭傳媒城邦分公司發行, 2018.03
　面；　公分. -- (ViewPoint ; 94)
ISBN 978-986-477-418-0 (平裝)

1.自我實現 2.生活指導

177.2　　　　　　　　　　　　107002412

ViewPoint 94

太陽的後役～ **敢夢，不設限**

——募資走遍南美洲體驗30份工作，實踐從0到1的Gap Year人生提案

作　　　　者／陳明陽
企 畫 選 書／黃靖卉、林淑華
責 任 編 輯／林淑華

版　　　　權／翁靜如、林心紅、吳亭儀
行 銷 業 務／張媖茜、黃崇華
總　編　輯／黃靖卉
總　經　理／彭之琬
發　行　人／何飛鵬
法 律 顧 問／元禾法律事務所王子文律師
出　　　　版／商周出版
　　　　　　　台北市104民生東路二段141號9樓
　　　　　　　電話：(02) 25007008　傳真：(02)25007759
　　　　　　　E-mail：bwp.service@cite.com.tw
發　　　　行／英屬蓋曼群島商家庭傳媒股份有限公司城邦分公司
　　　　　　　台北市中山區民生東路二段141號2樓
　　　　　　　書虫客服務專線：02-25007718；25007719
　　　　　　　24小時傳真專線：02-25001990；25001991
　　　　　　　服務時間：週一至週五上午09:30-12:00；下午13:30-17:00
　　　　　　　劃撥帳號：19863813；戶名：書虫股份有限公司
　　　　　　　讀者服務信箱：service@readingclub.com.tw
　　　　　　　城邦讀書花園 www.cite.com.tw
香港發行所／城邦（香港）出版集團
　　　　　　　香港灣仔駱克道193號_ E-mail：hkcite@biznetvigator.com
　　　　　　　電話：(852) 25086231　傳真：(852) 25789337
馬新發行所／城邦（馬新）出版集團【Cite (M) Sdn Bhd】
　　　　　　　41, Jalan Radin Anum, Bandar Baru Sri Petaling, 57000 Kuala Lumpur, Malaysia.
　　　　　　　電話：(603) 90578822　傳真：(603) 90576622

封 面 設 計／李東記
內 頁 設 計／林曉涵
內 頁 排 版／林曉涵
印　　　　刷／中原造像股份有限公司
經　銷　商／聯合發行股份有限公司　新北市231新店區寶橋路235巷6弄6號2樓
　　　　　　　電話：(02) 29178022　傳真：(02) 29110053

■2018年3月13日初版　　　　　　　　　　　　　　　　Printed in Taiwan
定價360元

城邦讀書花園
www.cite.com.tw

<table>
<tr><td colspan="3" align="center">廣　告　回　函</td></tr>
<tr><td colspan="3">北區郵政管理登記證</td></tr>
<tr><td colspan="3">北臺字第000791號</td></tr>
<tr><td colspan="3">郵資已付，免貼郵票</td></tr>
</table>

104　台北市民生東路二段141號2樓

英屬蓋曼群島商家庭傳媒股份有限公司城邦分公司　收

- -

請沿虛線對摺，謝謝！

| 書號: **BU3094** | 書名:太陽的後役～敢夢，不設限 | 編碼: |

讀者回函卡

感謝您購買我們出版的書籍！請費心填寫此回函卡，我們將不定期寄上城邦集團最新的出版訊息。

不定期好禮相贈！
立即加入：商周出版
Facebook 粉絲團

姓名：＿＿＿＿＿＿＿＿＿＿＿＿＿＿ 性別：□男 □女

生日：西元＿＿＿＿＿年＿＿＿＿月＿＿＿＿日

地址：＿＿＿＿＿＿＿＿＿＿＿＿＿＿＿＿＿＿

聯絡電話：＿＿＿＿＿＿＿ 傳真：＿＿＿＿＿＿

E-mail：

學歷：□ 1. 小學 □ 2. 國中 □ 3. 高中 □ 4. 大學 □ 5. 研究所以上

職業：□ 1. 學生 □ 2. 軍公教 □ 3. 服務 □ 4. 金融 □ 5. 製造 □ 6. 資訊

□ 7. 傳播 □ 8. 自由業 □ 9. 農漁牧 □ 10. 家管 □ 11. 退休

□ 12. 其他＿＿＿＿＿＿＿＿＿

您從何種方式得知本書消息？

□ 1. 書店 □ 2. 網路 □ 3. 報紙 □ 4. 雜誌 □ 5. 廣播 □ 6. 電視

□ 7. 親友推薦 □ 8. 其他＿＿＿＿＿＿＿

您通常以何種方式購書？

□ 1. 書店 □ 2. 網路 □ 3. 傳真訂購 □ 4. 郵局劃撥 □ 5. 其他＿＿＿

您喜歡閱讀那些類別的書籍？

□ 1. 財經商業 □ 2. 自然科學 □ 3. 歷史 □ 4. 法律 □ 5. 文學

□ 6. 休閒旅遊 □ 7. 小說 □ 8. 人物傳記 □ 9. 生活、勵志 □ 10. 其他

對我們的建議：＿＿＿＿＿＿＿＿＿＿＿＿＿＿

＿＿＿＿＿＿＿＿＿＿＿＿＿＿＿＿＿＿＿＿

＿＿＿＿＿＿＿＿＿＿＿＿＿＿＿＿＿＿＿＿